QU'EST-CE QUE LE BIEN ?

COMITÉ ÉDITORIAL

CHEMINS PHILOSOPHIQUES

Collection dirigée par Roger POUIVET

Paul CLAVIER

QU'EST-CE QUE LE BIEN ?

Paris
LIBRAIRIE PHILOSOPHIQUE J. VRIN
6, place de la Sorbonne, V^e
2010

© *Librairie Philosophique J. VRIN,* 2010
Imprimé en France
ISSN 1762-7184
ISBN 978-2-7116-2273-3

www.vrin.fr

QU'EST-CE QUE LE BIEN ?

Le concept de bien semble appartenir à une époque intellectuellement et culturellement révolue. Que ce soit à l'intérieur des cénacles philosophiques, ou dans le débat public, en appeler au bien, surtout si on l'affuble d'une majuscule, c'est se tourner vers le passé. Le Bien évoque ainsi davantage un objet de l'histoire de la philosophie qu'un concept ayant encore un rôle à jouer dans l'interrogation éthique ou métaphysique contemporaine. Pour s'en convaincre, il suffit de décrire l'érosion subie par cette notion au fil des siècles.

L'irrésistible érosion du concept de Bien

Les grandes doctrines morales de l'Antiquité se référaient fréquemment à un bien suprême ou souverain Bien. Ce Bien était soit la norme, la référence, la cause ou le mobile des actions dites bonnes. Dans la conception platonicienne, le Bien, ou plutôt « l'idée du Bien » avait le rang d'un principe absolument premier. Aristote, lui, préférait définir le Bien en termes de cause finale (« le Bien est ce à quoi tendent toutes choses »). Épicuriens et Stoïciens avaient eux aussi leurs conceptions (très divergentes) du Bien. Les premiers identifiaient le Bien au plaisir (mais pas n'importe lequel), les seconds, à l'utile ou au devoir. Les Néoplatoniciens réservent au Bien une place d'honneur dans leurs Principes ou hypostases : le Bien est assimilé à l'Un, antérieur en dignité à l'Être, à l'Intellect, à l'Âme… À son tour, l'époque médiévale rangera le Bien aux côtés de l'Un, de l'Être, du Vrai. Ces adjectifs substantivés étaient appelés les « transcendantaux », c'est-à-dire des termes qui transcendent la diversité des espèces de choses. Chaque « réalité », en tant que telle, est « une », elle est un « être ». Et ce qu'elle est pour quelqu'un d'autre, c'est soit un objet de la volonté (donc un « bien », s'il est vrai que la volonté se porte toujours au bien, ou à ce qui lui semble tel) ou un objet de l'intellect (le « vrai »).

Le Bien désigne jusqu'alors une réalité ultime : un archétype, un idéal, un principe, un « transcendantal », une norme objective, voire Dieu lui-même défini comme « le bien de tout bien », la source objective et universelle de l'obligation morale. Mais cette conception objectiviste va s'éroder progressivement, avant de se déliter au fil des siècles. L'époque médiévale voit naître des formes de ce qu'on pourrait appeler, par analogie avec le volontarisme doxastique (la théorie qui affirme qu'on peut croire à volonté, qu'il suffit de vouloir croire quelque chose pour y arriver), un volontarisme éthique : le Bien n'est plus la norme de la volonté, mais au contraire c'est la volonté qui serait la norme du Bien, ou plus exactement des différents « biens » que nous pouvons envisager (par exemple, Dieu aurait le pouvoir de décider ce qui est bon : on évoquera avec Kretzmann les problèmes posés par cette hypothèse). Très schématiquement, on peut dire que l'époque moderne accentue ce volontarisme éthique. C'est entre autres une revendication cartésienne : « il nous est toujours possible de nous retenir de poursuivre un bien clairement connu ou d'admettre une vérité évidente, pourvu que nous pensions que c'est un bien d'affirmer par là notre libre arbitre »[1]. Cette possibilité revendiquée par Descartes consiste à modifier le rôle joué par la notion de bien. Le bien reste ici le mobile de l'action, mais il nous est loisible d'envisager un autre bien (celui qui consiste à exercer notre libre arbitre) que le bien substantiel identifié. Cela même qui est une revendication chez Descartes, à savoir une orientation délibérée de la pensée (« nous pensons que c'est un bien d'affirmer par là notre libre arbitre ») pourra être décrit comme un mécanisme d'appétence par Spinoza : « nous voulons, désirons, tendons vers quelque chose non pas parce que nous jugeons qu'elle est bonne, mais nous jugeons qu'elle est bonne parce que nous la voulons, tendons vers elle, la désirons »[2]. La relation entre le bien et la volonté prend alors une autre tournure. Ce n'est plus parce que quelque chose est bonne, que nous devrions la vouloir, mais parce que nous la voulons, qu'elle doit être considérée comme bonne. Ce qui chez Descartes semble une revendication individuelle, va devenir une revendication d'autonomie collective, par exemple dans la théorie politique de Rousseau. Le bien a une valeur obligatoire, mais c'est un corps collectif de citoyens qui, par l'expression d'une « volonté générale », définit librement le contenu de la loi : « l'obéissance à la loi qu'on s'est prescrite est liberté ». La théorie politique du *Contrat Social* affirme dans ce sens que la Volonté Générale ne peut errer. Elle est infaillible, c'est elle qui est garante du bien, en l'occurrence, de la conservation et du bien-être général : « Tant que plusieurs hommes réunis se considèrent comme un seul corps, ils n'ont qu'une seule volonté, qui se rapporte à la commune conservation, et au bien-

---

1. R. Descartes, *Lettre au P. Mesland*, 9 février 1645.
2. B. Spinoza, *Éthique*, III, prop. 9, scolie.

être général » [1]. Au même moment, un philosophe comme Kant hésite encore sur le statut à donner au bien : « notion obscure et complexe », « sentiment irréductible » : « le jugement : "ceci est bien" est tout à fait indémontrable : c'est l'effet immédiat de la conscience de plaisir qui accompagne la représentation de l'objet » [2]. Kant s'attarde encore quelque temps à la conception aristotélicienne : « le bien consiste seulement dans l'accomplissement de la fin », accomplissement suspendu, par le choix de Dieu, à l'enchaînement naturel des causes. Mais bientôt, le même Kant va revendiquer une « héautonomie de la volonté » (l'idée que la volonté se donne à elle-même ses lois, ou au moins découvre en elle-même une loi morale). Kant accorde ainsi à la volonté un rôle normatif. Le concept de bien devra être dérivé d'une loi de la volonté : « il n'est rien qui puisse sans restriction être tenu pour bon, sinon seulement une volonté bonne. [...] Cette volonté ne peut être l'unique bien, ni le bien tout entier ; mais elle doit être nécessairement le bien suprême, car elle est la condition dont dépend tout autre bien, y compris toute aspiration au bonheur » [3]. Le « plus ancien programme de l'idéalisme allemand » (attribué à Hölderlin) affirme que l'action libre est la seule création *ex nihilo* qui soit encore concevable. Autrement dit, la volonté n'est plus soumise à un ordre des fins voulu par Dieu, ni à une quelconque loi naturelle.

Pour compléter cette esquisse très schématique des avatars de la notion de Bien, il faudrait mentionner ceux que Paul

---

1. J.-J. Rousseau, *Du Contrat Social* (1762), Livre IV, chap. 1.

2. E. Kant, *Recherche sur l'évidence des principes* [...] *de la morale*, Ak II, 299-300.

3. E. Kant, *Fondement de la Métaphysique des Mœurs*, Ire Partie, Ak IV, 383 et 396.

Ricœur a appelés les « philosophes du soupçon ». Ceux-ci identifieront l'idéal du Bien : soit à un instrument idéologique de domination de classe (la « morale bourgeoise » comme moyen d'oppression des masses) ; soit à l'expression d'un surmoi social (source d'inhibition du principe de plaisir par un principe de réalité) ; soit à la manifestation d'une volonté de puissance. Marx, Freud et Nietzsche nous auraient ainsi appris à démasquer, sous le concept de Bien, un rapport de forces économiques et sociales, psychiques ou physiologiques. En somme, il n'y aurait pas de Bien, pas plus que de Mal, mais seulement des appréciations historiquement variables et géographiquement relatives sur ce qui nous paraît bon ou mauvais. Le Bien serait une fiction grammaticale, un instrument de contrôle social, utilisé par des communautés ou leurs leaders pour tenter d'imposer un système d'obligations ou de valeurs. Cette invention sociale permet de réguler les comportements (on est obligé de bien agir) ou de décerner des mérites (il y a des actions bonnes qui ne sont pas obligatoires, on les appelle surérogatoires, elles vont au-delà de ce qui est exigible). Mais le soupçon entraîne le discrédit sur la notion de bien, réduite à l'expression d'intérêts égoïstes ou collectifs, de règles de conduite arbitraires, ou de contraintes vitales. Nietzsche considère comme une « victoire sur soi-même » de comprendre que « le bien et le mal qui seraient impérissables n'existent pas », que ces valeurs correspondent à l'exercice d'une violence, que le bien et le mal sont toujours à recréer, et qu'ils doivent d'abord être brisés.

La notion même d'obligation morale objective (la notion d'un bien à accomplir) ne semble pas avoir survécu à cette odyssée du Bien. L'opposition classique entre le monde des faits et le monde des valeurs (l'opposition entre l'*être* et le *devoir-être*, le *Sein* et le *Sollen*, le *is* et le *ought*) est fortement remise en cause[1]. La disparition de toute notion de droit naturel (définissant des obligations objectives et universelles) au profit des conceptions contractualistes (les obligations légitimes font l'objet d'un contrat entre les membres de la collectivité via leurs représentants) achève de rendre caduc le concept de Bien. « Tout absolu, suggère Nietzsche dans *Par-delà le Bien et le Mal* (§ 154) relève de la pathologie ». De sorte qu'après les morales anciennes de l'attraction (le Bien exerce une attraction plus ou moins résistible sur la volonté), puis les morales modernes de l'impératif (le concept de Bien est détrôné par celui de Devoir puis par le concept de Juste), le Juste lui-même se trouve réduit à l'agrément entre parties contractantes. L'éthique « minimaliste » défendue par Ruwen Ogien, par exemple, estime souhaitable de s'en tenir au seul impératif de « ne pas nuire à autrui »[2].

Le bien réduit au juste, et le juste à une procédure d'agrément

On trouve certes, çà et là, des nostalgiques du vrai, du beau, du bien, comme par exemple Simone Weil, qui revendique la conception platonicienne. Le Bien, est avec le Vrai et le Beau, l'objet d'une attention, d'un désir porté à son comble, mais le Bien n'est pas réductible à l'effort de la volonté, il transcende toute volonté humaine :

1. Par exemple, H. Putnam, *The Collapse of the Fact/Value Dichotomy*, Cambridge, Harvard UP, 2002.
2. R. Ogien, *L'éthique aujourd'hui. Maximalistes et minimalistes*, Paris, Gallimard, 2007. Encore faut-il s'entendre sur qui est reconnu comme un autrui égal en dignité, et s'il existe des normes universelles de la nuisance. Par ailleurs, Ogien exclut, contre la tradition aristotélicienne et kantienne, le rapport à soi de la sphère morale.

> Les valeurs authentiques et pures de vrai, de beau, de bien dans
> l'activité d'un être humain se produisent par un seul et même
> acte, une certaine application à l'objet de la plénitude de
> l'attention […] Tout bien pur échappe complètement à la
> volonté. Le bien est transcendant. Dieu est le bien […] [1].

Une telle conception, dont on discutera la plausibilité, est
minoritaire. On se réfère plus généralement à un constat
négatif, comme celui que dresse Wittgenstein :

> Le bien absolu, si toutefois c'est là un état de choses susceptible
> de description, serait un état dont chacun, nécessairement,
> poursuivrait la réalisation, indépendamment de ses goûts et
> inclinations, ou dont on se sentirait coupable de ne pas pour-
> suivre la réalisation. […] un tel état de choses est une chimère.
> Aucun état de choses n'a, en soi, ce que j'appellerais volontiers
> le pouvoir coercitif d'un juge absolu [2].

Le Bien absolu, le Bien avec un grand B, étant jugé
introuvable, il devra redescendre du ciel sur terre. Iris Murdoch
décrit très justement ce processus de sécularisation du Bien :

> Les valeurs qui jusque là étaient en quelque sorte inscrites dans
> la voûte étoilée et garanties par Dieu, se déréalisent dans
> l'immanence de la volonté humaine. Il n'y a pas de réalité
> transcendante. L'idée du bien reste une idée indéfinissable et
> vide, et telle que seuls les choix humains peuvent lui donner un
> contenu. Le concept moral souverain est désormais celui de
> liberté, ou encore celui de courage, en un sens qui l'identifie à la

---

1. S. Weil, *Cahier VIII*, dans *Œuvres complètes*, Paris, Gallimard, 2002,
p. 137 et 123. S. Weil ajoute encore : « Nous sommes constitués par un mouvement vers le bien. Mais nous avons tort de chercher le bien dans telle chose […]
notre être même n'est pas autre chose que ce besoin du bien ».

2. L. Wittgenstein, « Conférence sur l'éthique », dans *Leçons et
conversations*, Paris, Gallimard, 1971, p. 148.

liberté, à la volonté et à la force de cette dernière. Ce concept se trouve placé au sommet le plus élevé de l'activité humaine, car il est le garant des valeurs secondaires créées par le choix [1].

On reviendra sur le lien entre ces deux concepts : bien et liberté. En attendant, la liberté, le contrat, l'agrément ont détrôné le Bien. Ce n'est plus le Bien qui commande ses devoirs à l'homme, c'est l'homme qui définit ce qui est exigible sous ce terme de bien.

En somme, qu'avons-nous à faire du bien aujourd'hui, avec ou sans majuscule ? D'une part la critique nominaliste nous interdit de parler du Bien comme d'une entité réelle subsistant par elle-même : il n'y a pas de Bien, mais seulement des réalités jugées plus ou moins bonnes. En outre, chaque évaluation de « ce qui est bien » pourra aisément être considérée comme relative aux conditions d'existence et aux intérêts de celui qui évalue. « Bien » est une étiquette collée sur des réalités, des comportements, des décisions pour exprimer une approbation subjective ou un jugement sur l'utilité ou le plaisir que ces réalités nous procurent. Pour ces deux types de raison (l'inexistence d'un bien unique ou universel, et la relativité des jugements de valeur), l'enquête sur l'existence et la nature du bien est vite close. La présence d'un « Qu'est-ce que le bien ? » dans une collection intitulée « Chemins Philosophiques » reviendrait à parcourir un chemin désaffecté. Elle aurait dans le meilleur des cas l'intérêt d'une promenade archéologique.

On comprend en tous cas que les théories contemporaines sur l'éthique recommandent expressément la mise entre parenthèse de toute conception du Bien. Le problème éthique, tel

---

1. I. Murdoch, *The Sovereignty of Good* (1970), *La souveraineté du bien* trad. fr. Cl. Pichevin, Combas, L'éclat, 1994, p. 99.

que le définit par exemple T. Engelhardt, est de parvenir à un accord entre « étrangers moraux (*moral aliens*) », *i.e.* entre presonnes qui ne partagent pas une même conception du Bien (de ce qui est intrinsèquement bon, ou avantageux, ou utile, ou préférable). À l'éthique dite « substantielle » (une éthique du « contenu », qui définit des types d'action comme bonnes ou mauvaises) succède une éthique « formelle » ou « procédurale », qui met en œuvre des principes définissant non pas la nature du bien ou le genre d'actions bonnes ou mauvaises, mais des principes servant de cadre à une procédure d'agrément mutuel entre étrangers moraux [1].

Problèmes conséquentialistes

Par ailleurs, l'éthique dite « conséquentialiste » se substitue bien souvent à l'éthique « principliste » (Max Weber opposait plus généralement l'éthique de la responsabilité (*Verantwortungsethik*) à l'éthique de la conviction (*Gesinnungsethik*)). Le conséquentialisme estime inutile d'évaluer la bonté d'une action par sa conformité à des principes (sur lesquels il n'y a pas d'accord universel) et préfère l'évaluer par ses conséquences. On déclarera bonne l'action dont les conséquences sont bonnes. Mais cette échappatoire aux questions de principes ou de conviction pose au moins trois problèmes.

1) Il y a d'abord un problème de circularité. Affirmer qu'une action est bonne si et seulement si ses conséquences sont bonnes ne dispense pas d'un critère de bonté. On ne fait que repousser la question du côté des conséquences ou des effets.

---

1. *Cf.* G. Hottois, *Qu'est-ce que la bioéthique ?*, Paris, Vrin, 2004, notamment p. 42-58.

2) Il y a ensuite un problème de délai. L'auteur d'une action est-il responsable de toutes les conséquences de son acte ? Sa responsabilité est-elle engagée pour les seuls effets immédiats de son action ? Ou également à moyen et à long terme (le long terme, c'est celui où nous sommes tous morts, répètent les économistes depuis J.M. Keynes) ?

3) En outre, faut-il dire que l'agent n'est responsable que des conséquences prévisibles de ses actes ? Auquel cas, qui fixe les conditions de la prévisibilité ? Suis-je responsable de la fiabilité de mes prévisions ? À quel moment puis-je estimer que j'ai fait tout ce qui était humainement possible pour envisager tous les effets de l'action que j'entreprends ? Il est classique de considérer le cas ou une même action engendre deux effets, l'un bénéfique, et l'autre nocif (un dommage collatéral). Cette situation a donné lieu au « principe du double-effet », qui définit les critères auxquels doit satisfaire l'auteur d'une telle action. On admet d'ordinaire qu'une action à double effet (par exemple l'administration d'une dose de morphine à une personne endurant d'intenses souffrances) est bonne lorsque :

a) L'acte envisagé est intrinsèquement *bon* (c'est le cas : on administre un antalgique).

b) L'effet visé est *bénéfique* (c'est le cas : on veut calmer la douleur pour permettre à la personne de supporter dignement la maladie).

c) L'effet toléré (le dommage collatéral) n'est pas le moyen d'obtenir l'effet visé (la morphine va finir par endommager irréversiblement le système nerveux de la personne, mais ce n'est pas là le moyen choisi pour calmer la douleur : on ne tue pas la personne pour qu'elle ne souffre plus, on atténue sa douleur d'une manière qui, à terme, va la tuer).

d) Il y a une proportion acceptable entre le bénéfice escompté et l'effet toléré (c'est la question du dosage : la morphine est là pour supprimer la souffrance, non la personne souffrante).

Considérons, *a contrario*, l'ours de la Fontaine[1]. Voulant débarrasser son maître endormi d'une mouche posée sur son nez, il empoigne un pavé et, faisant d'une pierre deux coups, « Casse la tête à l'homme en écrasant la mouche ». Il ne satisfait pas au critère d, à moins de considérer que la mouche est à ce point dangereuse ou mortelle qu'il vaut mieux risquer de fracasser la tête du jardinier que de laisser la mouche le piquer. En revanche, si tant est que l'ours a bien pris en compte l'effet collatéral, on peut estimer qu'il respecte le troisième critère[2].

On voit que, dans l'examen du double-effet, on ne peut pas faire l'économie de principes ou de critères permettant de qualifier l'action elle-même de bonne (critère a), d'estimer le bienfait de l'effet visé d'où résulte la bonté de l'intention (critère b). On juge inacceptable (donc non conforme à une conception du bien) l'instrumentalisation de l'effet néfaste, qui dès lors ne serait plus simplement un effet secondaire ou un dommage collatéral (critère c). Enfin, l'idée de proportion entre le bienfait recherché et le dommage à prévoir (critère d) suppose, là encore, une norme de ce qui est jugé supportable, parce que compensé par un bénéfice.

L'effet boomerang : le retour inévitable d'une conception minimale du bien

L'absence de conception consensuelle du bien ne suffit pas à discréditer l'investigation au sujet de ce qu'est le bien, de ce

---

1. La Fontaine, *Fables*, VIII, 10, *L'Ours et l'Amateur de Jardins*.
2. Voir V. Descombes, *Le raisonnement de l'ours et autres essais de philosophie pratique*, Paris, Seuil, 2007.

qui constitue, par exemple la bonté d'une action. Remarquons d'abord que les principes retenus dans le cadre de l'éthique procédurale véhiculent tous une certaine idée du bien. Le « Principe d'Autonomie » stipule que chacun *doit* rester libre de décider de son propre bien. Cela implique que le consentement d'un agent moral est jugé *préférable* à toute forme de paternalisme. Dans une même perspective, le « Principe de bienfaisance » remplace la règle d'or (« Ne fais à autrui que ce que tu voudrais qu'autrui te fasse ») par « fais à autrui ce qu'il veut qu'on lui fasse » : autrement dit, ce principe estime que c'est le destinataire d'un bienfait qui est juge, et qu'une définition individualisée du bien est *préférable* à une définition collective. Le « Principe de Non-malfaisance » fait intervenir des considérations d'objection de conscience (nul ne peut être obligé à un acte qu'il estime mauvais, nul ne peut donc être obligé d'accomplir une action qu'il juge malfaisante), etc. Dès lors qu'on met en avant des principes, dont la valeur est prescriptive, on estime que certaines dispositions ou procédures sont *meilleures* que d'autres. On s'interdit d'imposer une conception du *bien*, mais on sous-entend que c'est *mieux* ainsi.

Par ailleurs, l'idée que personne, dans un débat démocratique, n'a le droit d'imposer sa conception du bien ne signifie pas que toutes les conceptions du bien se valent. À moins de définir le consensus ou l'accord d'une majorité comme garantie suffisante d'une bonne décision ou d'une bonne loi. En revanche, on peut espérer que si une décision ou une disposition législative est bonne, elle pourra, moyennant un débat contradictoire, s'imposer d'elle-même comme la bonne décision à prendre. En outre, la recherche d'un agrément entre les adversaires s'affrontant sur ce qui est bon n'est pas une position métaphysiquement neutre. Elle sous-entend qu'à défaut d'unanimité ou de consensus, un compromis est toujours préférable à une rupture de négociations. Autrement dit, même l'éthique dite procédurale véhicule une conception du bien. Le simple fait de traiter les décisions éthiques dans le cadre d'une procédure d'agrément revient à considérer l'accord (même sur une base réduite) préférable au conflit ou à l'imposition d'une conception substantielle du bien. Il est peut-être tout bonnement irréaliste de prétendre faire de l'éthique sans une idée du bien (sans un critère de ce qui est préférable). L'éthique de la responsabilité ne peut pas imposer le silence à l'éthique de la conviction sous prétexte qu'elle garantit la paix sociale et neutralise les antagonismes moraux : l'objectif zéro-conflit n'est pas toujours souhaitable. Une vérité qui divise est certainement préférable à un mensonge qui tue en silence.

Des considérations analogues valent pour la philosophie politique. Les principes de la justice valables pour la structure de base de la société sont, d'après John Rawls, « les principes que des personnes libres et rationnelles, désireuses de favoriser leurs propres intérêts, et placées dans une position initiale d'égalité, accepteraient et qui, selon elles, définiraient les termes fondamentaux de leur association » (*Théorie de la justice*, § 3). C'est ainsi que « les principes de la justice sont choisis derrière un voile d'ignorance ». Bien entendu, comme le reconnait Rawls, « chacun désire protéger ses intérêts, sa capacité à favoriser sa conception du bien ». Il n'empêche que « dans la théorie de la justice comme équité, le concept du juste est antérieur à celui du bien » (§ 6). Cela voudrait dire que ce n'est pas en fonction d'une conception du bien qu'est déterminé ce qui est juste. C'est inversement en fonction de principes de justice sur lesquels on s'est mis d'accord que les diverses conceptions substantielles du bien vont être arbitrées.

> En contraste avec les théories téléologiques [c'est-à-dire les théories qui décrivent le bien comme la finalité (télos) des actes humains], quelque chose n'est bon que s'il s'accorde avec des

formes de vie compatibles avec les principes de la justice déjà posés. Mais, ajoute Rawls, pour établir ces principes, il est nécessaire de s'appuyer sur une notion du bien, car nous avons besoin de présupposés sur les motivations des partenaires dans la position initiale (§ 60)[1].

Il paraît donc que, même quand on cherche à neutraliser les conceptions éthiques, on ne puisse faire totalement l'économie d'une conception du bien.

Réhabilitation de la question « Qu'est-ce que le bien ? »

Enfin, sur un mode plus pathétique, on peut décrire l'abandon de toute conception du bien comme une impasse éthique. On ne veut pas dire par là qu'il est impossible d'abandonner toute référence au bien. Mais ce faisant, on renonce à toute justification en éthique. Il ne reste plus que la description de comportements plus ou moins efficaces. C'est ce qui pousse Albert Camus, entre autres, à renouer avec une forme d'objectivisme moral, à affirmer, contre l'existentialisme sartrien, ou contre son propre nihilisme, l'existence d'une « valeur qui préexiste à toute action » :

> [...] si nous ne pouvons affirmer aucune valeur, tout est possible et rien n'a d'importance. Point de pour ni de contre,

---

1. J. Rawls revient donc sur la neutralisation des positions éthiques, sujettes à controverse (§ 3), et sur le préjugé que la conception du bien est fatalement égoïste, qui l'autorisait à poser le concept de juste comme antérieur à celui de bien : « le bien absolu pour tout être humain, c'est que tous les autres se joignent à lui pour réaliser sa propre conception du bien, quelle qu'elle soit; sinon, ce serait qu'on exige que tous les autres agissent de manière juste, mais que lui-même soit autorisé à s'exempter de cette exigence, selon son bon plaisir. Puisque jamais les autres ne seront d'accord avec une telle association, ces formes d'égoïsme seront rejetées » (§ 20).

l'assassin n'a ni tort ni raison. On peut tisonner les crématoires comme on peut aussi se dévouer à soigner les lépreux. Malice et vertu sont hasard ou caprice. […] faute de valeur supérieure qui oriente l'action, on se dirigera dans le sens de l'efficacité immédiate. Rien n'étant ni vrai ni faux, bon ou mauvais, la règle sera de se montrer le plus efficace, c'est-à-dire le plus fort. Le monde ne sera plus partagé en justes et en injustes, mais en maîtres et en esclaves [1].

L'autorité de Camus suffit-elle à établir l'insuppressibilité d'une conception du bien ? N'y a-t-il pas une sorte de chantage humanitaire, du type : « si vous n'adoptez pas des valeurs transcendantes, vous ne pouvez plus faire de différence objective entre le bien et le mal » ? En un sens, Camus se contente de retourner l'adage « (si) rien n'est vrai, tout est permis » en utilisant la contraposée : « tout n'est pas permis, donc il y a du vrai (et du faux ; du bon et du mauvais) ».

Si Camus voulait dire que seul l'adepte d'une conception objectiviste du bien est moralement bon, alors évidemment il aurait tort. On répète au moins depuis Ovide qu'il est courant de voir le bien, de l'approuver, mais de faire le mal. C'est l'exclamation de Médée : « *video meliora proboque, deteriora sequor* : je vois le meilleur parti à prendre, je l'approuve, mais je poursuis le pire ». On peut avoir une claire perception du bon parti à suivre, et pencher néanmoins du mauvais côté. Mais si Camus veut dire que seul l'adepte d'une conception objectiviste du bien peut proposer un critère universel justifiant la condamnation des tortionnaires et la valorisation des soignants bénévoles, alors on peut difficilement lui donner tort. Cela ne veut pas dire que la conception objectiviste du bien est démontrée, mais qu'elle est requise pour justifier ou

1. A. Camus, *L'homme révolté*, Paris, Gallimard, 1951, p. 15-16.

condamner les actes humains réputés gravement mauvais ou au contraire méritoires. Il serait arbitraire de maintenir des catégories juridiques pénales, comme celles de crime contre l'humanité, et de qualifier de tels crimes d'imprescriptibles, si l'on ne pouvait rien affirmer d'objectif pour différencier moralement Adolf Hitler et Mère Térésa.

La réflexion morale contemporaine se trouve souvent en porte-à-faux vis-à-vis de cette question. D'un côté, il n'est pas de bon ton de défendre l'objectivisme moral, soupçonné d'intolérance, d'impérialisme idéologique, d'ethnocentrisme. Le pluralisme éthique (qui admet que les conceptions du bien concurrentes sont impossibles à départager), le relativisme (les conceptions du bien sont relatives à une époque et à un contexte social) voire le nihilisme (le bien est une catégorie vide) sont bien mieux portés. D'un autre côté, on se prend, par exemple, à qualifier de crime gravissime le clonage reproductif (passible de trente ans de réclusion assortis d'une amende de 7,5 millions d'euros). En outre, il est chaque jour question d'une globalisation de l'éthique. Anne Fagot-Largeault, discutant les problèmes du relativisme moral, reconnaît que pour les dépasser, il faudra soit faire un « pari sur l'unité de la nature humaine », soit espérer « une convergence des conceptions par ouverture des cultures et des sensibilités les unes aux autres »[1]. Mais une telle convergence des conceptions morales n'aura la valeur d'une règle de conduite obligatoire (et pas seulement d'un usage universellement répandu) qu'à la condition de traduire une obligation objective propre à la nature humaine.

---

1. *Une même éthique pour tous ?*, J.-P. Changeux (dir.), Paris, Odile Jacob, 1997, p. 57-58.

Le recul des conceptions objectivistes du Bien, et la relative désuétude dans laquelle la question « qu'est-ce que le bien ? » est tombée ne suffisent donc pas à délaisser l'enquête sur l'existence et la nature du bien.

Plan de l'ouvrage

La question « Qu'est-ce que le bien ? » est au moins double. Il y a d'abord une question de « grammaire philosophique » : à quoi correspond « le bien » ? Est-ce une réalité individuelle, personne ou chose, une propriété générale, une catégorie, un genre, une étiquette sous laquelle on range des réalités très différentes ? C'est l'objet de la section « Grammaire philosophique du bien ». Se posent en outre des questions de contenu : quelles conceptions du bien ont cours et lesquelles sont justifiées ? Afin de poursuivre le traitement de ces questions, on interroge, dans la section suivante, la conception classique du bien comme fin de toutes les actions (« La conception téléologique du Bien ») ; on examine ensuite dans quelle mesure faire le bien est méritoire, et si bien agir suppose la possibilité alternative de mal agir) (« Bien et liberté ») ; on réfléchit également sur la force d'obligation que contient la notion de bien (« Bien et devoir ») ; avant de revenir sur une alternative fondamentale posée par la définition du Bien (« Le Bien, valeur intrinsèque ou bon plaisir ? »). Les textes proposés et commentés (G.E. Moore, *Principia Ethica* et N. Kretzmann, *« God and the Basis of Morality* (Abraham, Isaac and Euthyphro) ») ont été choisis pour illustrer ce dernier point. Si le texte de Moore est déjà un classique, l'article de Kretzmann, moins connu, a l'avantage de permettre une discussion qui embrasse aussi bien Platon que John Stuart Mill. « Chemins philosophiques » ne sort des sentiers battus que pour de bonnes raisons.

GRAMMAIRE PHILOSOPHIQUE DU BIEN

Parler *du* Bien semble présumer de l'existence d'une certaine unité sous laquelle viendraient se ranger divers échantillons de « biens », ou de réalités appelées « bonnes ». Cette unité est-elle réelle ou fictive ? Est-ce l'unité d'un genre (comme le genre « animal », ou le genre « triangle »), est-ce l'unité d'une espèce (le « triangle rectangle », ou « l'homme »)? En ce cas, les biens ou les réalités dites bonnes (aliments, décisions, comportements) seraient réunies par une propriété commune ou par une relation définie avec le Bien supposé. Mais il pourrait aussi s'avérer qu'aucun dénominateur commun ne réunisse les réalités dénommées « bien » ou « bonnes ». Auquel cas le Bien ne serait qu'une étiquette équivoque recouvrant des réalités très hétérogènes. Il faudrait alors sans doute, pour éviter les confusions, distinguer le bien – être physique, la qualité alimentaire, le Bien Commun, le Devoir moral et les biens de consommation comme autant de concepts du Bien différents entre eux.

Avant de discuter les différentes conceptions éthiques et métaphysiques du Bien, et pour mieux prendre en compte ce problème de délimitation du concept de Bien, il est opportun de prendre en considération sa « grammaire philosophique ». « Bien » se dit ou bien comme substantif (le Bien, un bien, des biens); ou bien comme adjectif (bien, bon); ou encore comme adverbe (bien compter, bien parler).

Le substantif : le Bien, c'est...

L'expression substantivée « le bien », jadis affublé d'une majuscule (comme le Vrai, le Beau, l'Un, l'Être) peut renvoyer à une entité réelle ou abstraite. Conçu comme une entité réelle,

le Bien est alors un individu concret, quelque chose qui serait
« bien » ou « bon » par excellence, ou quelqu'un qui serait le
bien en personne, la source de tout ce qu'on appelle bien,
l'étalon de mesure de tous les biens, le modèle en référence
auquel des actions ou des personnes seraient qualifiées de
bonnes. Conçu comme une entité abstraite, le Bien sera le nom
collectif qui récapitule la sphère de tout ce qui à un titre ou à un
autre, a reçu le nom ou la qualification de « bon ». Cette récapi-
tulation ne sera légitime que si les réalités jugées « bonnes »
sont suffisamment homogènes. Il serait étrange d'affirmer que
le Bien comprend au même titre les bonnes bouteilles et les
bonnes actions, les bons numéros de loterie et les bons parents,
les bonnes équipes et les gens bien, les bons chevaux et les
bons sentiments. C'est la question de l'univocité du Bien :
existe-t-il un genre défini de réalités bonnes qui se ressem-
blent suffisamment par une caractéristique commune ? Ou
bien l'utilisation du terme « bon » (par exemple, dans : « bon
appétit » et dans : « bonne action ») est-elle purement équivoque (ce qui n'empêche pas que manger de bon appétit ou
souhaiter bon appétit ne puissent aussi constituer de bonnes
actions) ? C'est le problème de la « transcendance du Bien »
décrit par Iris Murdoch :

> Les choses belles contiennent d'une certaine manière le beau,
> mais les actes bons ne contiennent pas le bien exactement de la
> même manière […] Comment articuler le réalisme, qui inclut
> forcément une contemplation clairvoyante de la misère et du
> mal dans le monde, avec l'affirmation d'un bien non corrompu
> sans que cette dernière idée devienne une simple rêverie conso-
> latrice ? […] qu'est-ce qu'appréhender la « forme » séparée
> du bien, sous-jacente à toute la diversité des cas de bonne

conduite, pour quelqu'un qui n'est pas le croyant d'une religion ou d'une sorte de mystique ? [1].

Une illustration fort connue et fort discutée de la conception « transcendante » du Bien est proposée par Platon à la fin du Livre VI de la *République* :

ce qui répand la lumière de la vérité sur les objets de la connaissance et confère au sujet qui connaît le pouvoir de connaître, c'est l'idée du bien ; puisqu'elle est le principe de la science et de la vérité, tu peux la concevoir comme objet de connaissance, mais si belles que soient ces deux choses, la science et la vérité, tu ne te tromperas point en pensant que l'idée du bien en est distincte et les surpasse en beauté […] [2].

Cette conception du Bien (ou de l'Idée du Bien, ou du Bien comme Idée) a d'ailleurs de quoi surprendre, puisque la fonction qui lui est reconnue est celle d'un principe d'intelligibilité et d'une cause d'existence [3]. C'est le genre de conception avec laquelle, Nietzsche, entre autres, prétend en avoir fini.

La forme substantive du concept est donc double, selon qu'on l'utilise comme nom propre ou nom commun. Le Bien, comme nom propre (d'où, par convention, la majuscule) peut désigner l'idée générale, ou une réalité substantielle, le Bien en soi, l'archétype de tout ce qui sera appelé un bien, ou déclaré « bon », juste, honnête, louable. Employé comme nom commun, « un bien » peut désigner telle ou telle réalisation

1. I. Murdoch, *La souveraineté du bien*, *op. cit.*, p. 77-78 : « ce qui est véritablement bon est incorruptible et indestructible », « le bien n'est pas de ce monde », le bien est « ce qui compte réellement ».

2. Platon, *République*, trad. fr. Baccou, Paris, GF-Flammarion, 1966, Livre VI, 508e-509b.

3. Cf. S. Roux, *La recherche du principe chez Platon, Aristote et Plotin*, Paris, Vrin, 2004, chap. III, p. 69 *sq*.

particulière du Bien, soit que telles ou telles réalités soient appelées des biens parce qu'elles imitent le Bien, participent du Bien, ou que le Bien soit le nom collectif sous lequel on range tout ce qui a été qualifié de bien ou de bon (mais alors se pose la question : selon quel critère ?). Cet emploi de « bien » comme nom commun peut révéler les valeurs de référence d'un individu ou d'une société donnée. Dans la liste des réalités désignées comme des « biens », on trouvera par exemple les biens immeubles (propriété foncière, habitation) et des biens meubles (objets), les biens de consommation, les biens d'équipement. Ce n'est pas par pure équivoque qu'on les appelle des biens, mais plutôt, semble-t-il, parce qu'on considère qu'ils sont des moyens d'atteindre un état de bien-être, de jouir d'un bienfait, de se maintenir en vie, ou alors de produire d'autres biens et d'assurer des services. La jouissance de ces biens est jugée bonne. Aucun d'eux n'est le Bien, mais ils peuvent participer de la bonté en contribuant à nous rapprocher du Bien.

L'adjectif : c'est bien, c'est bon

L'adjectif « bien » est utilisé pour caractériser les propriétés de réalités très diverses, dont on dit ou au sujet desquelles on affirme : « c'est bien ». C'est principalement le domaine de l'action humaine qui semble concerné par ce prédicat : « c'est bien de faire ça », « il n'est pas bon d'agir ainsi », mais on emploie aussi l'adjectif pour désigner des personnes : quelqu'un(e) de bien, des « gens de bien ». Pour ne pas être dupe des mots, il importera de vérifier si c'est le même concept (la même définition) de « bien » qui est en jeu dans ces divers emplois. Nous retrouvons ici le problème de l'univocité du bien : est-ce selon la même signification qu'on parle d'un bon match, d'une bonne décision, d'une bonne réponse et d'une bonne conduite, d'une bonne personne ou d'une bonne affaire? Il faut noter que l'emploi adjectival de «bien» est assez limité, et que la langue française emploie plus fréquemment l'adjectif «bon(ne)» pour qualifier positivement une action ou une personne, (une bonne personne est l'auteur de bonnes actions, ou au moins est réputée capable de bien agir, de bien se comporter, d'agir dans le bon sens). Une question de grammaire philosophique pourra être alors : est-ce donc à force de bonnes actions ou de bonne conduite qu'une personne est réputée bonne, ou sont-ce inversement les personnes supposées bonnes qui définissent les bonnes actions?

L'adverbe : « il suffit de bien juger pour bien faire »

La grammaire philosophique du «bien» se complique (ou s'enrichit) du fait que «bien» est employé fréquemment comme adverbe : «bien manger», «bien nager», «il suffit de bien juger pour bien faire». L'adverbe «bien» indique l'accomplissement d'une action se déroulant correctement, de manière satisfaisante (satisfaisant quels critères?). Le critère quantitatif s'impose souvent, comme l'atteste l'emploi de l'adverbe «bien» en un sens quantitatif : «j'ai bien mangé» peut signifier «j'ai assez mangé» en quantité suffisante (sinon en fonction d'apports nutritifs suffisants, du moins à ma faim). Le sens peut-être d'ailleurs seulement intensif : «il y a bien des années» signifie «il y a beaucoup d'années», sans connotation de satisfaction sur la quantité d'années écoulées (trop ou pas assez?). Mais le contexte peut moduler la signification de «bien», et introduire un critère qualitatif : «bien s'alimenter» peut faire référence à un équilibre diététique; «cela fait bien des années» peut indiquer le regret ou la nostalgie associés à une durée trop longue.

Cet emploi adverbial caractérise « tout ce qui est objet de satisfaction ou d'approbation dans n'importe quel ordre de finalité : parfait en son genre, favorable, réussi, utile à quelqu'un » [1]. L'adverbe indique que le but d'une action a été atteint (« bien visé ! »), ou que l'action a produit de l'effet, volontairement ou non, mais toujours à propos, à bon escient (« bien dit ! » ; « ça tombe bien ! » ; « c'est bien fait pour eux ! »). Bien agir, c'est agir de manière compétente ou appropriée, adaptée à la situation. Mais l'efficacité ou l'adaptation de l'action à la situation n'est pas le seul critère. Un critère moral entre souvent en jeu : un assassin peut bien viser et néanmoins mal agir. Il peut donc y avoir inversion de l'appréciation en bien ou en mal, selon que l'adverbe porte sur le déroulement technique de l'action ou sur son évaluation morale : « Lee Oswald (si c'est bien lui) a bien tiré, mais il a mal fait de tirer sur JFK ». Pour autant, si l'assassin rate sa cible, on ne dira pas : « il a mal visé, mais il a bien fait de tirer sur JFK » à moins que (contre-exemple un peu tordu), le tireur ne soit un tireur d'élite que l'on contraint à tirer sur JFK, et qui, décidé à sauver JFK, accepte de céder aux menaces, et tire juste assez près de la cible pour qu'on ne le soupçonne pas d'avoir fait exprès de la rater. Auquel cas, on dira plutôt : « il a bien fait de viser à côté ». Cet exemple suggère que la qualification technique du déroulement d'une action ne suffit pas à qualifier moralement l'action comme bonne. On peut se demander si le mauvais déroulement de l'action, au contraire, suffit à qualifier l'action de moralement mauvaise. La question est celle de la responsabilité de l'agent dans la réussite de l'exécution de l'acte. Un chirurgien peut rater une opération du fait des circonstances : risques d'hémorragie, état du patient, manque de matériel, etc.

---

1. J. Lalande, *Vocabulaire technique et critique de la philosophie*, sub V.

L'opération ne se déroule pas bien, alors que le chirurgien a fait de son mieux. Mais l'erreur technique peut être considérée une faute morale, si par exemple elle est imputable à une négligence, à la consommation de substances illicites avant l'intervention chirurgicale, etc. En opérant mal, il a alors mal agi – car il était en son pouvoir de mieux faire, ou de s'abstenir, sans préjudice pour le patient.

On a souligné en français l'existence du doublet bien/bon. La langue anglaise est plus uniforme : good est un adjectif qui réunit ce que le français désigne tantôt par les vocable de « bien » et de « bon », même si le sens adverbial est souvent porté par « well ». L'allemand distingue entre « *wohl* » et « *gut* » (c'est l'objet d'une importante remarque de Kant sur laquelle on reviendra) : « *wohl* » étant rapporté la sensation de bien-être (« *Wohlstand* ») ou à l'accord (« *jawohl* »), ce qui n'empêche pas le terme « *gut* » de connoter parfois le bien-être physique ou psychologique, sans connotation morale : « *mir geht es gut* » signifie « je vais bien ». Le voisinage des termes désignant le bien-être psychologique et la bonté morale est un sujet classique de méditation philosophique : quelle relation y a-t-il entre le plaisir et le bien ?

Un certain nombre d'options se présentent :

– épicurisme : « Tout plaisir est un bien » (la *Lettre à Ménécée* nuance : « Tout plaisir est de par sa nature propre un bien, mais tout plaisir ne doit pas être recherché ») ;

– hédonisme : « Tout bien est plaisant », « Il n'y a pas de bien en dehors du plaisir » ;

– stoïcisme : « Il n'y a pas de plaisir (légitime) en dehors du Bien » ;

– aristotélisme : « Le plaisir est l'accompagnement et le couronnement du Bien ».

On aura noté qu'à la faveur de cette question de la relation entre bien et plaisir, l'emploi adjectival « bien » ou « bon » est relayé par l'emploi alternatif de « être un bien » et de « Le Bien est… ». Il faut là-encore se demander si c'est une simple façon de parler, autrement dit si « le Bien » est seulement un terme générique pour désigner un ensemble de réalités reconnues ou déclarées bonnes, ou si « le Bien » désigne une réalité ou une norme au-delà des réalités jugées bienfaisantes, correctes, justes (ou agréables, plaisantes) dont il serait le modèle, le critère, la pierre de touche. Certes, on peut estimer qu'il y a, dans chaque cas, une confusion des registres et qu'aucun lien systématique ne peut être établi entre le plaisir (état, sensation ou sentiment de bien-être individuel ou collectif) et le bien (conformité à un idéal, accomplissement d'une obligation, réalisation d'une perfection). La coïncidence entre la réalisation d'un bien et le sentiment de plaisir ne suffit pas à réunir les deux concepts. Néanmoins, la question d'un lien organique entre plaisir et bien a préoccupé beaucoup de philosophes. Kant a baptisé ce problème «dialectique de la vertu et du bonheur». Quel rapport entre «bien agir» et «bien-être»? Si faire le bien ou bien agir n'engendraient que trouble, malaise et inconfort, non seulement l'obligation morale serait peu attractive, mais peut-être même que la notion de devoir disparaîtrait. Non que l'accomplissement du devoir soit toujours accompagné d'un sentiment de bien-être, mais parce que, dans beaucoup de conceptions morales, bien agir et bien-être sont, en définitive, solidaires. Le monde serait bien mal fait, si ce qui est juste et bon n'avait que des conséquences désagréables pour ceux qui s'y consacrent. La question de la récompense de la bonne action, ou de la proportion entre vertu et bonheur a ainsi une portée métaphysique. Il n'y a aucune raison *a priori* que le bien soit récompensé par un certain confort ou au moins un certain réconfort moral (le sentiment qu'il n'est pas vain d'avoir bien agi, la conviction qu'un bienfait n'est jamais perdu). Sauf si l'on postule, à titre d'hypothèse guidant l'action, un être suprême qui garantisse l'accord de la moralité avec le bonheur. Un agent capable de gouverner la destinée humaine et le cours des événements ferait en sorte que la conduite vertueuse (bien agir) et le bonheur (se trouver bien) convergent ou finissent par converger (sinon dans cette vie, au moins dans une autre). Le bien accompli serait finalement récompensé (par un état de bien-être, la béatitude des « bienheureux »).

De ces premières remarques, il ressort que la qualification de « bien » ne porte pas uniquement sur le contenu de l'action, ni sur ses seules conséquences, ni sur les intentions de l'agent, mais inclut ces trois paramètres. De sorte que l'adjectif « bien » ou « bon » fonctionne comme prédicat simple dont l'attribution peut dépendre de plusieurs conditions relatives : 1) à l'acte considéré en lui-même ; 2) aux conséquences de l'acte ; 3) aux intentions de l'agent auteur de l'acte. Une autre question classique est de déterminer si l'auteur d'un acte est responsable de toutes ses conséquences, ou seulement de celles qu'il peut prévoir, à l'exception des perturbations introduites par des tiers [1]. Cette question a des répercussions sur l'utilisation du prédicat « bon » ou « bien ». Puis-je dire que j'ai bien fait de sauver la vie d'un homme qui va employer le reste de ses jours à mettre au point des armes bactériologiques de destruction massive ? Est-ce une bonne action de soigner un tortionnaire ? On répondra peut-être que le devoir d'assistance aux personnes en danger est inconditionnel et que, tortionnaire ou non, tout homme en proie à la maladie a droit d'être soigné. Mais sera-t-il encore bon de porter secours à un tortionnaire dans l'exercice de ses fonctions, par exemple en lui évitant un

---

1. E. Anscombe discute plusieurs cas dans *L'intention* (1956), trad. fr. M. Maurice et C. Michon, Paris, Gallimard, 2002.

infarctus grâce à un défibrillateur? On entrevoit ici une partie
des problèmes qui se posent : peut-on définir une bonne action
indépendamment des circonstances et des intentions des
divers agents impliqués?

Les diverses formes de la bonté (Von Wright)

George Henrik von Wright a proposé une enquête
magistrale sur les diverses formes de la bonté[1]. Le principe de
son enquête est de contester « l'autonomie conceptuelle de la
morale ». Autrement dit, le concept de Bien ne doit pas selon
lui être exclusivement référé à la sphère éthique. L'identification kantienne du Bien au Devoir lui paraît discutable : « la
soi-disant bonté morale n'est pas une forme indépendante
du bien ». Les diverses formes que prend la bonté (et qui ne
constituent pas selon Von Wright différentes espèces d'un
même genre qui serait le Bien) présentent des affinités, voire
un « air de famille » sur lesquels il est instructif de réfléchir.
Von Wright considère que nos conceptions du bien ou de la
bonté s'alimentent au moins à quatre sources. D'abord, il y a
les deux sources de notre conception fonctionnelle du bien,
que sont notre expérience de la qualité instrumentale et celle
de la compétence technique.

La qualité instrumentale (*instrumental goodness*) d'un
bon couteau, ou d'un bon chien de chasse, c'est qu'il fait bien
l'affaire pour ce à quoi on l'emploie (découper la viande ou
lever le gibier). Être bon, c'est ici être bon à quelque chose, à
un emploi, dans un but (*goodness for a purpose*). Les jugements
sur la « bonté instrumentale » sont vrais ou faux, remarque

---

1. G.H. von Wright, *The Varieties of Goodness*, London, Routledge &
Kegan Paul, 1963.

Von Wright, en vertu de leur contenu descriptif. Et cependant, ils ont une valeur prescriptive : on les utilise pour recommander l'utilisation de tel instrument ou de tel procédé. Cette coexistence du descriptif et du prescriptif éclaire et contribue à réduire l'écart traditionnellement supposé entre être et devoir être.

La qualification technique (*technical goodness*), c'est la bonté qu'on acquiert en devenant « bon en quelque chose » (*goodness at something*). Nous avons déjà deux concepts de bonté, qu'on retrouve dans la réflexion éthique, mais qui n'en dépendent pas exclusivement : la bonté comme appropriation d'une qualité à un objectif, et la bonté comme compétence exercée par un agent. Il est intéressant de noter que la compétence technique (par exemple, être capable d'aller chercher un mannequin au fond de l'eau) n'équivaut pas *ipso facto* à une performance morale (sauver un noyé), même si la performance sportive est la même.

Mais comment accède-t-on au niveau du bien moral ? Von Wright suggère que c'est par la signification utilitaire de « bon ». Sous la catégorie de l'utile (ce qui est « bon pour »), il range la catégorie du « bénéfique » (ce qui fait du bien à un être). Le bien défini comme utilité a ainsi deux opposés : l'inutile ou le nuisible. La catégorie des êtres qui, pour nous, sont susceptibles de bénéfice ou de nuisance, est celle des êtres vivants. C'est pourquoi le concept médical de santé (physique et mentale) est crucial dans notre compréhension du bien entendu comme bienfait (et corrélativement de la nuisance comprise comme nocivité). Von Wright insiste sur le caractère central que joue la notion de bonne santé (« aller bien », « *"good" means "all right"* ») dans les conceptions du bien et souligne l'importance, au moins depuis Platon, des analogies médicales dans la réflexion éthique. De sorte que la notion de bien véhicule au moins ces trois aspects : l'appropriation du moyen à la fin, la compétence de l'exécutant et le bien-être d'un destinataire de l'action. Une action est bonne quand elle bénéficie à quelqu'un. Von Wright ajoute que la catégorie des « biens » inclut également l'accomplissement d'une action, son « bon » déroulement : est bien, non seulement ce qui finit bien, mais ce qui se passe bien. Le concept de bonté est donc à la fois dynamique, dans la mesure où il s'applique au déroulement de l'action ou à la visée d'un résultat, et statique dans la mesure où il qualifie le résultat lui-même. Quant au bien de l'homme, c'est, nous dit Von Wright, le bien-être (*welfare*). Que met-on sous ce terme ? Le bien-être est un état (physique et moral) jugé satisfaisant, de plaisir passif (pris à la nourriture, à la douceur, au confort) et de plaisir actif (pris à une activité dans laquelle l'agent s'accomplit). On peut appeler bonheur la collection de ces états de bien-être : être heureux, c'est apprécier le déroulement de sa propre vie. Von Wright remarque que les jugements de bonheur en première personne (« je suis heureuse ») expriment des évaluations, tandis qu'en troisième personne (« elle nage en plein bonheur »), ce sont des énoncés vrais ou faux portant sur la manière dont les gens évaluent le cours de leur vie. Il souligne qu'en dernière instance, c'est l'individu qui est seul juge de sa situation. Personne ne peut vous contraindre à trouver bon un état que vous jugez mauvais ou indifférent. Vous pouvez avoir tout pour être heureux sans vous trouver bien pour autant. Cela ne signifie pas que le bien de la personne soit le résultat d'une évaluation purement subjective. Mais cela suggère que seul l'individu est compétent pour affirmer qu'il va bien.

Von Wright, en interrogeant le passage de la valeur (*good*) au devoir (*must*) distingue trois aspects d'une norme : le commandement (l'ordre donné, exprimé par un impératif), la règle (énoncée dans un cadre déontologique : les règles juridiques codifiées), et les nécessités pratiques (pour respirer sous l'eau, il faut une bouteille d'oxygène). Dans le cas des nécessités pratiques (que Kant appelle impératifs techniques), une conception instrumentale et technique du bien suffit. Mais dans le cas de commandements et de règles, la question se pose de savoir qui commande et qui décide, et au nom de quoi? Qu'est-ce qui définit le bien comme norme? Y a-t-il une unité sous laquelle ces différentes définitions seront récapitulées?

Von Wright revendique une «enquête horizontale» qui refuse de s'engager dans la détermination d'obligations envers un Bien transcendant. Cette enquête aboutit à une éthique descriptive assez minimaliste: «si on ne peut donner des raisons, tirées de motifs moraux, pour lesquelles on devrait agir moralement, on peut essayer d'inciter un individu à respecter le bien d'un autre comme s'il s'agissait de son propre bien». Il semble en effet naturel d'exiger une symétrie dans la poursuite des bienfaits: «il n'y a pas de raison que mes désirs soient satisfaits au détriment du bien-être d'autrui». On peut noter que, ce faisant, Von Wright réintroduit en sous-main une fin bonne, sous la forme d'un impératif de symétrie et de réciprocité, la fameuse règle d'or: «tout ce que vous voulez que les hommes fassent pour vous, faites-le d'abord vous-même pour eux!».

La grammaire philosophique du «Bien» dont nous avons proposé ici un abrégé permet de schématiser l'histoire de la notion, que nous avons évoquée en introduction. D'abord conçu comme une réalité transcendante, un principe, voire une divinité, que les agents sont censés imiter ou rechercher autant que possible [1], le bien a ensuite été conçu comme une modalité

---

1. Bien agir, c'est atteindre le Bien, ou atteindre un bien, ou s'en rapprocher (agir dans le bon sens). On peut opposer à ce sujet la conception gradualiste (affirmant qu'on peut se rapprocher par degrés d'un bon état, ou du

de l'action, dont les critères de satisfaction n'étaient plus dans l'imitation d'un ordre naturel ou transcendant, mais dans l'expression d'une volonté ou d'un accord contractuel sur ce qu'on juge bon, c'est-à-dire acceptable ou exigible. Mais ce bien adverbial semble avoir perdu son universalité. Faute de normes universellement reconnues du « bien agir », on se replie sur l'emploi adjectival (« bien » ou « bon »), relatif aux contextes historiques, culturels ou sociaux. Si le « bien » ne signifie plus que ce qui est avantageux (encore faut-il préciser pour qui), ou ce qui est exigé (ici mais pas là), ou autorisé (aujourd'hui mais pas hier), alors le concept n'a plus d'unité et à la question : « qu'est-ce que le bien ? » il faut répondre : « ça dépend des fois » ; « c'est vous qui voyez » ; ou « à chacun d'en décider pour son compte ».

Il est inutile de tempêter contre le relativisme éthique ou de se plaindre du nihilisme moral. Faute d'une enquête métaphysique sur l'existence d'une source objective d'obligation morale, l'éthique substantielle est fatalement éclipsée par une éthique procédurale ou contractualiste. Mais on a remarqué également que, même débarrassées de tout présupposé métaphysique, ces éthiques continuent à véhiculer des notions d'obligation, de préférable, d'acceptable. Peut-on se passer d'une conception du Bien ? Si l'on voulait s'en débarrasser et s'exclamer « bon débarras ! », ne faudrait-il pas du même coup justifier en quoi la liquidation du concept de bien est une bonne chose ? Cette question un peu rhétorique nous oblige en tous

Bien lui-même) et la conception perfectionniste : certains Stoïciens affirmaient qu'on se noie aussi bien dans sa baignoire qu'au fond d'un étang, ou qu'on ne rate pas moins une cible quand la flèche est à deux doigts du « mille » que quand on est complètement à côté de la plaque. Tant qu'on peut mieux faire, c'est qu'on n'a pas bien fait !

cas à interroger la conception classique selon laquelle le bien fonctionne, non seulement comme valeur subjective (on apprécie des actions, des personnes, des moyens, des fins comme «bonnes»), mais aussi comme norme objective de toute action.

L'IDENTIFICATION DU BIEN AVEC LA FIN DE TOUTES LES ACTIONS (LA CONCEPTION TÉLÉOLOGIQUE DU BIEN)

Le principe du « bien apparent »

Une doctrine classique identifie le «bien» (*agathon*, *bonum*) avec l'objectif poursuivi par tous, la fin recherchée en toute chose. Le bien, c'est ce que tous recherchent, c'est la fin de toutes les actions. «Tout procédé technique et toute recherche, ainsi que toute action et toute décision tendent vers quelque bien, semble-t-il. Aussi a-t-on déclaré avec raison que le Bien est ce à quoi tendent toutes choses »[1].

Cette identification du Bien avec la fin de toutes les actions soulève au moins trois problèmes et deux objections.

Il y a d'abord une ambiguïté concernant la portée exacte de cette identification. Signifie-t-elle :

A) toute décision et toute action tendent vers quelque bien

ou plutôt :

B) il y a un bien auquel tendent toute décision et toute action ?

Les deux formules, en effet, ne sont pas équivalentes. (A) affirme l'orientation de toute action vers un bien, qui n'est

---

1. Aristote, *Éthique à Nicomaque*, I, 1, trad. fr. J. Tricot, Paris, Vrin, 1981.

pas nécessairement le même pour chaque action, tandis que (B) semble affirmer l'unicité du bien visé comme fin de toutes les actions. Or justement, Aristote, contrairement à Platon, ne pense pas qu'il existe une réalité séparée qui serait le Bien, unique et définitif. Entre les deux formules, il y a la même différence qu'entre : « Tout homme a une mère » et : « Il y a une mère de tous les hommes ». Certes, (B)→(A) mais la converse (A)→(B) n'est pas vraie.

Un deuxième problème est de savoir si l'énoncé identifiant la fin de toute décision et de toute action à un bien est à entendre comme une définition nominale (j'appelle bien la fin de toute décision ou de toute action) ou comme un constat (il y a une ou plusieurs réalités correspondant au bien, et c'est justement vers elles que tendent toute décision et toute action). Pris comme définition nominale, l'énoncé n'engage pas à grand chose. C'est simplement une stipulation qui consiste à dire que le terme « bien » peut être substitué à « fin » dans le cas de l'action et de la décision. Toutefois, renommer « bien » le terme final où tendent toutes les décisions et toutes les actions n'est pas anodin. Il faut une raison pour le faire. Même si l'on ne présuppose pas, comme dans la formulation (B), que c'est un même et unique bien qui constitue la finalité de toutes les actions et décisions, en qualifiant cette finalité de bien, on suggère une certaine homogénéité de toutes ces fins.

Une première objection peut alors venir de la grande diversité de contenu et de valeur des entreprises humaines. L'extrême dispersion des activités rend douteuse l'unification aristotélicienne de toutes les fins poursuivies. On en revient à prendre tout simplement « bien » comme synonyme de fin (et non comme une propriété qu'auraient en commun toutes les fins poursuivies, et qui les réuniraient dans le genre « bien »). On pourrait paraphraser la déclaration du Bien-Fin en disant : « Tout procédé technique et toute recherche, ainsi que toute action et toute décision tendent chacun vers une fin». Mais Aristote semble avoir voulu dire autre chose. L'identification de la fin de toute action au Bien (ou, dans chaque cas, à un bien) n'est pas une simple stipulation sémantique : les fins qui orientent la décision et l'action sont des réalités bonnes. On se trouve alors devant une alternative. Ou bien c'est par accident que la fin de toute décision et de toute action est un bien, ou alors il est essentiel à la fin d'une décision ou d'une action d'être un bien : c'est sa définition, cette fois non plus arbitraire ou nominale, mais fonctionnelle. Les décisions et les actions prennent place dans une structure régulière qui les oriente vers un accomplissement, vers une perfection, vers un bien. C'est ainsi que Thomas d'Aquin lit Aristote :

> La définition (*ratio*) du bien consiste en ce qu'il est objet d'appétit (*appetibile*), c'est pourquoi le Philosophe [à savoir Aristote], au premier livre de son *Éthique,* dit que le bien est ce à quoi toutes choses tendent (*quod omnia appetunt*). Il est clair en effet que tout ce qui est objet d'appétit l'est en raison de sa perfection (*unumquodque est appetibile secundum quod est perfectum*)[1].

« Bien » n'est plus alors le nom que nous donnons à la fin de toute action : c'est une propriété de toute action que de viser un bien. Or, et c'est le troisième problème, si la correspondance de la fin avec le bien n'est pas une coïncidence accidentelle, alors il doit y avoir une cause qui oriente chaque action ou décision. Qu'est-ce qui garantit la convergence des actions, des décisions, des recherches, des techniques, vers un Bien ou vers des biens ? Pourquoi et comment tous les agents seraient-ils attirés par le Bien ? Faudra-t-il supposer une cause finale

---

1. Thomas d'Aquin, *Somme de Théologie*, Ia pars, qu. 5, art. 1, concl.

universelle, qui meut toutes choses vers elle, comme objet de désir universel ?

Cette conception téléologique du Bien repose sur l'affirmation d'un Premier Moteur qui agit sur toutes choses à la façon d'un attracteur universel, d'un objet de désir (*oréktikon*) et d'intelligence (*noétikon*). Elle se heurte à la deuxième objection, celle du dysfonctionnement patent de ce processus téléologique. L'assassin qui perpètre un meurtre peut-il être compté parmi ceux qui recherchent et font le bien ? Pour sauver la conception finaliste universelle du bien, on ajoutera, avec Aristote, que c'est le bien *ou* l'apparence du bien qui constitue la fin de toutes les actions. Cela revient à intégrer dans la définition du bien une marge d'erreur d'appréciation. Par là, on sauve l'unité du bien en l'élargissant à « ce qu'on prend pour un bien ». Une manière d'expliquer la diversité, voire la divergence des biens poursuivis sous la catégorie unificatrice du Bien-Fin, est donc de considérer que :

> *Principe du Bien Apparent* : « tous les hommes visent (recherchent) ce qui leur apparaît comme bien (*toû phainoménou agathoû*) » [1].

Ce que reprend la formule scolastique *nihil appetimus nisi sub ratione boni* : nous ne recherchons rien si ce n'est sous le terme de bien (sous la définition de bien, sous la raison de bien, sous couvert de ce que nous croyons être bon). Kant n'a pas manqué de critiquer l'équivoque de cette formule *sub ratione boni*.

> Car cela peut vouloir dire : nous nous représentons quelque chose comme bon, lorsque et *parce que nous le désirons* (voulons) ; mais tout aussi bien : nous désirons quelque chose,

---

1. Aristote, *Éthique à Nicomaque*, III, 7, *op. cit.*

parce que nous nous *le représentons comme bon*, de sorte que c'est ou bien le désir qui est le fondement de la détermination du concept de l'objet comme d'un objet bon, ou le concept du bien qui est la détermination du désir (de la volonté); en effet, *sub ratione boni* signifierait alors, dans le premier cas : nous voulons quelque chose sous l'idée du bien; et dans le second cas : nous voulons quelque chose en conséquence de cette idée, idée qui doit précéder le vouloir comme fondement de la détermination de ce vouloir [1].

C'est le problème du « volontarisme éthique » sur lequel nous revenons dans la troisième section.

Sommes-nous responsables de notre propre perception du bien ?

Une question subsidiaire, mais capitale, est alors celle de la responsabilité des agents par rapport à leur perception du bien, à ce qui leur apparaît comme bien. Aristote semble attaché à défendre cette responsabilité : nous sommes responsables de nos conceptions, de nos croyances et de nos représentations morales.

Responsabilité Épistémique Morale : « chacun en un sens sera responsable de ce qu'il se représente (*tès phantasias*) [comme étant bien] ».

De cette façon, on ne peut invoquer le *Principe du Bien Apparent* pour excuser les mauvaises actions accomplies de bonne foi. Toutefois, le principe de *Responsabilité Épistémique Morale* affirmé par Aristote est nuancé (« *en un sens* »). En outre, Aristote n'affirme pas directement cette responsa-

---

1. E. Kant, *Critique de la raison pratique*, 1re Partie, Livre I, chap. II, Ak V, 104, trad. fr. J.-P. Fussler, Paris, GF-Flammarion, 2003, p. 164.

bilité : il recourt pour ce faire à la forme conditionnelle (si...
alors...) :

> *Responsabilité Épistémique Morale Conditionnelle* : « si
> chacun est responsable de ses propres dispositions, chacun en
> un sens sera responsable de ce qu'il se représente [comme étant
> bien] ».

La *Responsabilité Épistémique Morale* dépend donc de
la capacité qu'a l'homme d'influencer ses propres dispositions. Or, Aristote, pour qui cette capacité serait une condition
suffisante de la *Responsabilité Épistémique Morale*, est loin
d'accorder à l'homme une telle capacité. Il semble même la
contester par une observation sur l'innéité des tendances
morales : c'est le constat que le caractère d'une personne se
prête rarement à des transformations radicales (« on ne se
refait pas » ; « chassez le naturel, il revient au galop » ; « ça c'est
bien lui ... il ne changera jamais ... on le reconnaît bien là »).

> *Innéité des Tendances Morales* : « la poursuite de la fin n'est
> pas l'objet d'un choix personnel (*ouk authairétos*), mais ce qui
> est requis, c'est d'être pour ainsi dire doté du coup d'œil inné
> (*opsis*) permettant de discerner et de choisir ce qui est vraiment
> bon ».

Le problème est alors de concilier cette *Innéité des
Tendances morales* avec la *Responsabilité Épistémique
Morale* : s'il n'est pas au pouvoir du méchant de se proposer
une fin réellement bonne, et s'il est par sa nature déterminé à
poursuivre des fins qui ne sont bonnes qu'en apparence, ne se
trouve-t-il pas dans une ignorance invincible de ce qu'il
devrait faire ? Ne doit-on pas admettre que :

> *Ignorance Invincible* : « c'est par ignorance de la fin que
> [l'auteur d'une mauvaise conduite] accomplit ses actions,
> pensant qu'elles lui procureront le bien le plus excellent » ?

Cependant, Aristote conteste ce déni de responsabilité, qui reviendrait à accepter le verdict de Socrate, selon lequel « Nul n'est méchant volontairement », c'est-à-dire que la méchanceté résulte d'une erreur involontaire sur la nature du bien ou sur l'identification de ce qui est bien.

Or, on l'a vu, Aristote maintient que « le tempérament de chacun détermine la façon dont la fin lui apparaît ». Il lui faut donc affirmer qu'en dépit de cette détermination et du conditionnement inné qui préside à la façon dont nous percevons le bien, nous avons toujours une part de responsabilité dans l'action. À moins que nous contribuions en partie à la manière dont nous percevons le bien, il faudra « admettre que la fin est bien donnée par la nature, mais que l'homme de bien accomplissant tout le reste de son plein gré, la vertu demeure volontaire ». L'idée est qu'il ne suffit pas de bien juger pour bien faire, mais qu'ayant bien jugé, il faut encore vouloir bien faire. Le problème est que, dans la conceptualisation d'Aristote, l'agent qui vise le bien ne peut pas viser autre chose. Dire qu'il « accomplit tout le reste de son plein gré » en acquiesçant, en consentant, en prenant part à l'action, ne change pas grand-chose à l'affaire, à moins que l'agent qui est déterminé à faire le bien qu'il aperçoit ait encore le pouvoir d'y résister. Or d'après Aristote, c'est seulement sur les moyens de réaliser l'action ou d'atteindre un but supposé bon que nous délibérons et choisissons : il s'agit d'un choix technique (étant donnée telle fin, quel est le meilleur moyen d'y parvenir) plutôt que d'un choix moral.

Aristote, sous peine d'incohérence, est donc obligé, s'il veut sauver la notion de responsabilité morale, de réintroduire (sous une forme atténuée pour ne pas contredire ouvertement son principe d'innéité des tendances morales) un certain volontarisme moral :

> *Volontarisme Moral* : « notre valeur morale [*arétai* : nos vertus] est volontaire (et de fait, nous sommes bien nous-mêmes, en quelque façon, les causes partielles (*sunaitiai*) de nos dispositions, et c'est du fait que nous avons telles dispositions que nous nous proposons telle ou telle fin) ».

Ce serait toute une discussion de déterminer dans quelle mesure « nos dispositions dépendent de nous », et si ce contrôle de notre caractère contredit ou non le principe d'innéité des tendances morales. On pourrait distinguer entre un contrôle synchronique, contesté par Aristote (à l'instant t, je ne peux pas modifier mes représentations de ce qui me paraît bon à t) et un contrôle diachronique, plus plausible : à l'instant t_0, je peux faire en sorte qu'à un instant $t_1 > t_0$, ma représentation du bien puisse être différente. Mais cette dernière possibilité suppose que j'aie, à t_0, conscience qu'il soit bon pour moi d'avoir, à un instant $t_1 > t_0$, une autre représentation de ce qui est bien. Autrement dit, que j'aie conscience à t_0 que ma représentation de ce qui est bien n'est pas bonne ! Puis-je vraiment dire : ceci me paraît bon (je trouve ça bon) mais je sais que ce n'est pas bon ? Cette incohérence (les psychologues parlent de « dissonance cognitive ») est difficile à concevoir.

Jusque là, Aristote n'a plaidé que pour la responsabilité de l'agent dans l'action vertueuse. Mais la question de savoir dans quelle mesure l'agent prend une part active à une action mauvaise se pose. Aristote opte d'ailleurs pour une symétrie dans l'imputabilité des bonnes et des mauvaises actions : « il n'en est pas moins vrai que le vice sera volontaire comme la vertu, puisque le méchant, tout comme l'homme de bien, est cause par lui-même de ses actions, même s'il n'est pas cause de la fin ». Plutôt que de volonté délibérée, il semble qu'Aristote souligne le caractère spontané de l'action dans laquelle l'agent se reconnaît et s'exprime, même s'il n'est peut-être pas vraiment en son pouvoir d'agir autrement.

Ces réflexions et ces corrections mettent en cause ce qu'on appelle aujourd'hui le *Principe des Possibilités Alternatives* (*Principle of Alternate Possibilities*) : peut-on imputer une action à un agent qui n'aurait pas pu agir autrement qu'il ne l'a fait (voir section suivante) ? Pour le moment, restons-en au problème posé par la conception téléologique du bien. Descartes hérite de cette conception. Il définit assez classiquement le bien en termes de fin rationnelle de nos actions : « Un homme de bien est celui qui fait tout ce que lui dicte la vraie raison »[1]. Mais il accepte de considérer le contentement associé à cette fin comme également digne d'être recherché : « le souverain bien est sans doute la chose que nous nous devons proposer pour but en toutes nos actions, et le contentement d'esprit qui en revient, étant l'attrait qui fait que nous le recherchons, est aussi à bon droit nommé notre fin »[2].

Le bien, mobile ou motif ?

L'intérêt de ces deux déclarations de Descartes est de suggérer que le bien est à la fois motif et mobile de l'action (au sens que Goblot donne à ces termes : « les mobiles sont des causes, les motifs sont des raisons. Les mobiles sont des forces […] les motifs introduisent des faits d'un autre ordre »). Les mobiles influencent, voire déterminent, agissent sur nos tendances, exercent une force d'attraction. Les motifs animent, suggèrent, ils peuvent être impérieux mais réclament notre consentement. Si le bien est à la fois le mobile (c'est-à-dire, en

---

1. R. Descartes, à Elisabeth, septembre 1646, AT IV, 490.
2. R. Descartes, 18 août 1645, AT IV, 275.

termes kantiens cette fois, un principe subjectif de la volonté, exprimant l'intérêt dans lequel j'agis) et le motif (principe objectif de la volonté, fin extérieure poursuivie par mon action), alors il doit y avoir un lien entre le subjectif et l'objectif. C'est l'idée qu'il y a, ou au moins qu'il devrait idéalement y avoir un lien entre la vertu (bien agir) et le bonheur (bien être), moyennant parfois une révision des critères du bien-être (avoir bonne conscience ou la conscience tranquille ne signifie pas toujours être bien vu ou jouir d'une position avantageuse). L'idée de récompense de la bonne action par la jouissance d'un bien peut sembler infantile. Une action qui ne serait accomplie que par l'espérance d'un gain, d'un profit, ne sera pas portée au crédit de l'agent comme « bonne action », mais comme action intéressée. En pareil cas, la qualification de « bonne » action ne décrit pas une propriété publique de l'action : la même action accomplie de façon désintéressée sera portée au crédit moral de l'agent. Cela suggère que la bonté ou le bien associés à cette action dépendent aussi, même s'ils n'en dépendent pas seulement, de la motivation, de l'intention poursuivie par l'agent. On hésitera à qualifier de bonne une action intrinsèquement mauvaise (un homicide, par exemple) ou désastreuse par ses conséquences, sous prétexte que l'intention de l'agent était excellente. D'autres conditions sont requises pour excuser, le cas échéant, l'homicide (par exemple la légitime défense, avec la difficulté de déterminer quand elle s'applique, mais certainement pas le désir de réduire la surpopulation en stérilisant des « bouches inutiles » ou de remporter une course en éliminant les concurrents les plus gênants).

Moyennant l'identification du Bien au bonheur, Pascal pousse l'identification de la fin et du Bien jusqu'au paradoxe :

> Tous les hommes recherchent d'être heureux. Cela est sans
> exception, quelques différents moyens qu'ils y emploient. Ils
> tendent tous à ce but. Ce qui fait que les uns vont à la guerre et
> que les autres n'y vont pas est ce même désir qui est dans tous
> les deux, accompagné de différentes vues. La volonté [ne] fait
> jamais la moindre démarche que vers cet objet. C'est le motif
> de toutes les actions de tous les hommes. Jusqu'à ceux qui vont
> se pendre (*Pensées*, éd. Lafuma, n° 148).

De façon plus flagrante qu'Aristote, Pascal insiste sur la
divergence de contenu dans les biens recherchés (la guerre,
la paix, la tranquillité, l'excitation, l'intensité du plaisir, la
modération, la solitude, la société, la pendaison…). Ce qui a
pour conséquence d'aggraver le soupçon sur ce concept de
Bien-Fin. Y a-t-il une caractéristique commune à tous ces
biens recherchés? Présentent-ils une homogénéité suffisante
pour justifier leur regroupement sous un label commun? Si on
ne les appelle « biens » que parce qu'ils sont recherchés, alors
nous n'apprenons rien en disant que « Le Bien est la fin vers
laquelle tendent toutes les actions ». Bien et fin des actions
sont définis comme synonymes : ces deux termes ont la même
extension (on doit les employer indifféremment pour désigner
les mêmes réalités, en l'occurrence ce qu'ont en vue tous les
agents). Mais on n'a pas pour autant démontré que l'auteur de
plusieurs actions a toujours en vue la même chose ni, *a fortiori*,
que des agents différents ont toujours en vue la même chose
ou le même genre de chose. L'identification de la fin (du but
recherché) avec le Bien est peut être purement lexicale, et
nullement conceptuelle. On pourrait raisonner en termes
évolutionnistes et déclarer, par exemple, qu'il n'y a pas de bien
vers lequel tendent tous les êtres vivants, mais que la survi-
vance du plus apte fait apparaître l'adaptation au milieu, la
survie, la conservation de soi comme la fin poursuivie. Ou
encore, comme on l'a déjà noté, on peut avec Spinoza estimer

que « bon » n'est que le nom que nous donnons à nos appétits :
« nous faisons effort en vue de quelque chose, la voulons,
tendons vers elle, la désirons, non pas parce que nous jugeons
qu'elle est bonne : au contraire, nous jugeons qu'une chose est
bonne parce que nous faisons effort pour l'avoir, la voulons,
tendons vers elle et la désirons » [1]. L'appréciation ne porte pas
sur la chose désirée, mais sur nos propres appétits et tendances.
Toutefois, à moins de considérer, comme le suggère une formule de Nietzsche, que « l'homme n'aime que ses penchants,
non ce vers quoi il penche », on peut maintenir l'hypothèse
que, si nous jugeons qu'une chose est bonne parce que nous la
désirons, nous sous-entendons qu'il est bon de la désirer. Et le
critère d'un bon désir peut alors être discuté. Epicure propose
une grille : nos désirs sont soit naturels (c'est-à-dire appropriés
à notre nature) soit non-naturels. Parmi les désirs non-naturels,
il range les désirs artificiels (non-conformes à notre nature)
que sont selon lui le désir de richesse, d'honneurs et de gloire,
et les désirs impossibles à satisfaire (comme celui de voler
plus vite que la lumière ou d'être immortel). Symétrique-
ment, parmi les désirs naturels, certains sont indispensables ou
nécessaires : tels sont les appétits vitaux (on les appellera
plutôt besoins) comme la nourriture, le sommeil, mais aussi
l'ataraxie. D'autres sont « simplement naturels », comme le
désir de variété, d'agrément.

Un attracteur universel ?

Supposons maintenant que la conception du Bien comme
fin ultime de toutes les actions soit correcte. Il faudrait alors
répondre à une énigme. Si tous les agents recherchent une

---

1. B. Spinoza, *Éthique*, III, prop. 9, scolie.

même chose, ou un même genre de chose, la question se pose de savoir pourquoi. Qu'est-ce qui les y pousse ? Comment se fait-il qu'un unique mobile, un seul et même but constitue l'horizon de toutes les actions ? Faut-il supposer que le Bien fonctionne comme une force d'attraction universelle ? La plupart des conceptions du Bien comme but recherché dans toutes les actions présupposent que les agents, conscients ou non, ont reçu des tendances orientées vers ce but. Ils ne font qu'exercer ou développer cette tendance qui les définit. La conception classique est celle d'un ordre naturel finalisé, souvent tributaire d'une conception métaphysique de type théiste. On la trouve chez Platon, chez les néo-platoniciens, à un moindre degré chez Aristote, certains Stoïciens, dans la tradition juive, chrétienne et islamique : c'est l'idée que l'existence en général (et l'existence humaine en particulier) est ordonnée à un Principe (l'Idée du Bien chez Platon, le premier Moteur chez Aristote, un Dieu créateur et provident dans les trois monothéismes cités). Ce principe est la source de ces existences, le principe auquel elles sont suspendues, et il régit le déploiement de leur activité. Il les produit, et les destine à un accomplissement. Dans certaines doctrines philosophiques et/ou théologiques, le Principe est lui-même la fin. Un Dieu bon, une Idée du Bien est cause productrice des réalités et en même temps la fin que celles-ci cherchent à atteindre, comme dans un processus d'expulsion et de réintégration. Il lance dans l'existence des créatures dont la trajectoire idéale est de revenir à lui, au terme d'une odyssée plus ou moins longue. (« Tu nous as faits pour toi Seigneur, et notre cœur est inquiet tant qu'il ne repose en toi » proclame saint Augustin. Plus conceptuellement, Thomas d'Aquin pose que « Dieu est le Bien suprême, que tout ce qui est provient, en définitive, de Dieu, dans la mesure où c'est bon, et que tout ce qui existe tend vers Dieu, par ce que tout ce qui existe recherche sa fin qui est le bien »). Une question importante est alors celle de la liberté : le parcours qu'effectuent les êtres émanés du Principe ou créés par Dieu est-il librement décidé, ou bien tracé à l'avance sans qu'il soit possible à ces êtres de s'écarter le moins du monde de leur trajectoire, et *a fortiori* de s'arrêter voire de s'éloigner du but prescrit ? Cette question semble pertinente dans la mesure où il paraît abusif de dire que quelqu'un a bien agi ou s'est bien conduit, s'il n'était pas en son pouvoir d'agir autrement, ou au moins de vouloir agir autrement, en poursuivant un autre but. Ce sera l'objet de la section suivante.

On a rappelé plus haut la laïcisation du concept de Bien. Cependant, même arraché à la métaphysique théiste, la conception du Bien-Fin peut conserver la notion de transcendance. « L'image du Bien comme attracteur transcendant me semble être la représentation la moins dégradée et la plus réaliste qui puisse nous servir dans nos réflexions sur la vie morale »[1]. « Quel statut conférer à l'idée de certitude qui semble effectivement associée à l'idée de bien ? » (l'idée qu'un bienfait n'est jamais perdu, par exemple). « Quel statut conférer à la proposition qui veut que nous soyons payés de retour quand le bien est sincèrement désiré […] ? Ce qui est ici en jeu ne semble pas être de l'ordre d'un "comme si" ou d'un "ça marche" »[2]. Si l'idée du Bien n'est pas une illusion, ou une fiction consolatrice, pourquoi n'est-elle plus prise au sérieux dans les théories morales contemporaines ? Il faut peut-être se méfier ici des théories morales sophistiquées mais abstraites et revenir, comme le suggère Iris Murdoch, à une perception anthropologique plus simple, dont la littérature, le cinéma et l'expérience quotidienne portent témoignage. Murdoch

---

1. I. Murdoch, *La souveraineté du bien, op. cit.*, p. 93.
2. *Ibid.*, p. 80.

entend s'appuyer sur le fait que nous sommes parfois mûs par amour, dans un détachement de nous-mêmes, et que nos pulsions égocentriques peuvent être corrigées par un altruisme non utilitaire.

> L'amour est tension entre l'imperfection de l'âme et la perfection de l'attracteur supposé résider au-delà d'elle (dans le *Banquet*, Platon représente l'Amour comme pauvre et nécessiteux). Et quand se déploie une vraie tentative pour aimer ce qui est imparfait, l'amour atteint son objet *via* le Bien et s'en trouve épuré dans le sens de la générosité et de la justice : être capable d'aimer un enfant retardé ou une ancienne connaissance quelque peu ennuyeuse. L'amour est le nom général donné à la qualité de nos attachements ; cette qualité est sujette à d'infinies dégradations et peut être la source de nos plus grandes erreurs. Mais quand il est, ne serait-ce que partiellement épuré, il est l'énergie et la passion de l'âme dans sa recherche du Bien ; il est la force qui nous fait rejoindre le Bien et, par son intermédiaire, le monde lui-même. Que l'amour existe est le signe indubitable que nous sommes des créatures spirituelles, soumises à l'attraction de l'excellence et faites pour le Bien [1].

Posons encore une fois la question : cette attraction est-elle irrésistible, supprime-t-elle la liberté de l'arbitre ?

BIEN ET LIBERTÉ : LE MÉRITE DU BIEN SUPPOSE-T-IL LA POSSIBILITÉ DE MAL AGIR ?

Dans cette section, on voudrait tenter d'élucider la relation entre le bien et la liberté. Si le bien définit nos obligations, il ne

---

1. I. Murdoch, *La souveraineté du bien, op. cit.*, p. 124.

semble pas qu'il agisse à la manière d'une force irrésistible. L'attraction qu'il est censé exercer sur la volonté laisse dans bien des cas la possibilité à celui qui agit de se décider contre ce qui lui apparaît comme le bon parti à suivre. Par ailleurs, si une force pouvait nous contraindre à agir dans le sens du bien, le bien aurait-il encore quelque signification morale ? Il désignerait le résultat inéluctable, le terme immanquable de nos actions, lesquelles ne seraient d'ailleurs plus véritablement *nos* actions (ou plutôt, nous n'en serions plus la source, mais seulement le canal, nous n'en serions plus les auteurs, mais seulement les instruments, les exécutants passifs et contraints).

« C'est un bien d'affirmer notre libre arbitre »

Nous avons déjà relevé en introduction un passage célèbre et problématique de la correspondance de Descartes : « il nous est toujours possible de nous retenir de poursuivre un bien clairement connu ou d'admettre une vérité évidente, pourvu que nous pensions que c'est un bien d'affirmer par là notre libre arbitre »[1]. Une telle affirmation semble revendiquer le pouvoir de se déterminer indépendamment de la connaissance du bien. Toutefois, le motif invoqué pour « nous retenir de poursuivre un bien clairement connu » est précisément la poursuite d'un autre bien, en l'occurrence l'affirmation de notre libre arbitre. La difficulté est de hiérarchiser les biens en jeu. Supposons qu'une possibilité d'action (l'assistance à une personne, par le don généreux de son temps ou d'une partie de ses ressources) s'offre à quelqu'un, que nous appellerons René. René perçoit clairement que c'est là un bien digne d'être poursuivi, mais se retient de l'accomplir : il estime que ce

---

1. R. Descartes, *Lettre au P. Mesland*, 9 février 1645.

faisant, il accomplit un autre bien qui est justement « d'affirmer par là son libre arbitre ». On peut se demander en quoi l'accomplissement de la première bonne action envisagée n'attesterait pas tout autant le libre arbitre. Si René estime qu'en ne poursuivant pas le bien clairement connu, il fait bien, ou mieux, alors sa conduite reste orientée par la poursuite du bien, sa volonté reste déterminée par la connaissance du bien. On arriverait à ce paradoxe : René fait bien de ne pas faire le bien. La volonté reste alors, comme chez Aristote ou Thomas, ordonnée au bien, ou au moins au bien apparent (« pourvu que nous pensions que c'est un bien »). Si, au contraire, l'affirmation de la liberté de l'arbitre n'est pas aussi bonne que l'action bonne d'abord envisagée, alors René revendiquerait la désobéissance, le droit de faire moins bien, voire de faire mal. L'affirmation du pouvoir de mal faire serait-elle une garantie indispensable à l'exercice de la liberté ? Si la liberté se porte immanquablement au Bien connu, ou estimé tel, elle n'est plus un pouvoir de faire et de ne pas faire, de poursuivre ou de fuir, etc. Il n'y aurait de mérite à poursuivre le bien clairement connu, que sur fond de possibilité de s'en abstenir, voire de s'y opposer. À la fin des *Olympiques*, Descartes faisait déjà cette réflexion : « L'extrême perfection que l'on remarque dans certaines actions des animaux nous fait soupçonner qu'ils ne possèdent pas le libre arbitre ». Une dose d'imperfection serait donc nécessaire pour attester que nos actions ne sont pas guidées sans notre consentement. Mais selon quel dosage ? Si la possession du libre arbitre est un bien substantiel, pourquoi ne pas se refuser fréquemment au bien clairement connu ? On voit l'embarras où Descartes se met : ou bien on revient à une théorie aristotélicienne du Bien-fin des actions (avec le problème que l'homme ne choisit pas la fin, elle lui est imposée) ; ou bien on passe à une affirmation d'indépendance par rapport au bien. Descartes se tire d'embarras en

distinguant deux critères d'exercice de la liberté qui sont la
facilité («et alors libre, spontané, volontaire, ne sont qu'une
même chose») et la résistance :

> Une plus grande liberté consiste en effet ou bien dans une plus
> grande facilité de se déterminer, ou bien dans un plus grand
> usage de cette puissance positive que nous avons de suivre le
> pire, tout en voyant le meilleur. Si nous suivons le parti où nous
> voyons le plus de bien, nous nous déterminons facilement ;
> mais si nous suivons le parti contraire, nous usons davantage de
> cette puissance positive.

En un sens, nous restons obligés envers le bien, mais les
rails de cette obligation, censés faciliter notre conduite, n'ont
de valeur morale que si nous avons la possibilité de freiner,
voire de dérailler.

Définir le bien comme norme d'obligation morale signifie
qu'il est proposé comme objet valable ou louable de l'action,
mais pas imposé par la force. Or l'obligation morale n'est
pas, semble-t-il, la contrainte physique. Pourtant, la liberté
humaine a ceci de particulier : elle se perfectionne ou se
dégrade à mesure qu'elle s'exerce dans un sens ou dans l'autre.
Formellement, la liberté est un pouvoir d'agir ou de s'abstenir,
de faire une chose ou l'autre, de poser ainsi par soi-même
des actes délibérés. Formellement, être libre, c'est toujours
pouvoir choisir ou refuser le bien. Mais le refus répété du bien
et l'option réitérée pour le mal (par exemple, la violence tortionnaire) ne manquent pas de provoquer une accoutumance
psychologique, voire une addiction, et un endurcissement ou au
moins une indifférence morale. Inversement, le choix constant
du bien produit une habituation, et rend plus difficile le choix
de la mauvaise action. À force de dépravation de la volonté, on
devient incapable de choisir le bien. Et inversement, à force de

bonté, on devient (mais c'est plus rare) incapable de méchanceté. Dès lors, la pratique du bien est-elle encore méritoire ? Pour toutes ces raisons, la question se pose de savoir si le mérite attaché au bien suppose ou non la possibilité de mal agir.

Faire le bien de son plein gré

On admet en général, semble-t-il, que le caractère méritoire d'une bonne action suppose que l'agent a agi de son plein gré, qu'il peut en un sens revendiquer l'action. Même si aucune possibilité alternative ne s'offrait à lui : il ne s'est pas senti contraint, il ne s'est pas résigné, il a consenti volontiers à la seule possibilité qui s'offrait. Tout se passe donc comme si c'était lui, et non les circonstances, qui avaient éliminé toute possibilité alternative. Nous rencontrons ici le problème posé par Locke :

> Supposons qu'on porte un homme, pendant qu'il est dans un profond sommeil, dans une chambre où il y ait une personne qu'il lui tarde fort de voir et d'entendre, et que l'on ferme la porte à clef sur lui, de sorte qu'il ne soit pas en son pouvoir de sortir [*beyond his power to get out*]. Cet homme s'éveille, et est charmé de se trouver avec une personne dont il souhaitait si fort la compagnie, et avec qui il demeure avec plaisir [*willingly*], aimant mieux être là avec elle dans cette chambre que d'en sortir pour aller ailleurs : je demande s'il ne reste pas volontairement dans ce lieu là ? [*I ask, is not this stay voluntary ?*] ; je ne pense pas que personne s'avise d'en douter. Cependant, comme cet homme est enfermé à clef, il est évident qu'il n'est pas en liberté de ne pas demeurer et d'en sortir s'il veut [*he is not at liberty not to stay, he has not freedom to be gone*]. Et par conséquent, la liberté n'est pas une idée qui appartienne à la volition, ou à la préférence que notre esprit donne à une action plutôt qu'à une autre, mais à la personne qui a la puissance

d'agir ou de s'empêcher d'agir, selon que son esprit se
déterminera à l'un ou l'autre de ces deux partis [1].

Dans ce scénario, Locke oppose deux concepts de liberté :
une liberté de mouvement qui est ici empêchée, et le choix que,
semble-t-il, notre esprit doit toujours être en état de faire, sa
capacité de se déterminer, son aptitude à donner la préférence à
une action plutôt qu'à une autre (même si cette action est
impraticable). Si notre séquestré consentant n'est pas libre de
sortir (au premier sens du terme), il reste libre de vouloir sortir
ou de préférer rester. Supposons que par la fenêtre de la
chambre où il se plait à rester, il aperçoive une personne acci-
dentée, privée de tout secours. Même s'il ne lui est pas physi-
quement possible de quitter cette chambre, il lui est possible de
vouloir la quitter (quoi qu'il lui en coûte) pour manifester au
moins son intention de porter assistance à la personne en
danger. Il ne lui est pas possible de bien faire, mais il lui est
possible de désirer bien faire (et dans ce cas le bien a une valeur
obligatoire). Certes, s'il s'abstient de tout désir d'intervention,
personne ne poura l'accuser de non-assistance à personne en
danger (il a un alibi en or : il était barricadé), néanmoins on
pourra lui reprocher son indifférence au sort d'autrui. Ce
scénario proposé par Locke a donné lieu à des variantes. L'une
d'elles est due à Harry Frankfurt [2]. Frankfurt conteste le *Principle of Alternate Possibilities* selon lequel « une personne est
moralement responsable de ce qu'elle a fait seulement si elle
aurait pu agir autrement (*a person is morally responsible for
what he has done only if he could have done otherwise*) ».
Appliquons cette définition au bien et essayons d'envisager,

1. J. Locke, *An Essay concerning human understanding*, II, 21, § 10.
2. H. Frankfurt, « Moral Responsibility and Alternative possibilities »,
Journal of Philosophy, 66 (1969), p. 829-839.

sur le modèle des scénarios imaginés par H. Frankfurt, des
situations où la possibilité alternative est entravée.

Faire le bien sans pouvoir (vouloir) faire le mal

Qu'en résulte-t-il pour la notion de bien ? Imaginons un cas
d'école dans lequel, une fois n'est pas coutume, un individu ne
puisse jamais, malgré qu'il en ait, faire autre chose que le bien.
Supposons que toutes les actions de ce citoyen (appelons-le
Lambda) soient soumises au contrôle d'un Big Brother.
Big Brother est résolu à laisser faire Lambda chaque fois que
Lambda entreprend une action moralement bonne. Mais à
peine Lambda se prépare-t-il à un mauvais coup, Big Brother
s'arrange aussitôt pour transformer la mauvaise intention de
Lambda en bonne résolution. Et Lambda est préservé de toute
faute morale, de toute mauvaise action. Il n'a même pas le
temps d'assumer une mauvaise intention. Le raisonnement de
Frankfurt consiste à dire :

1) nous imputons à Lambda les bonnes actions qu'il fait
spontanément, de son plein gré (sans l'intervention de Big
Brother) ;

2) mais Lambda n'a pas la possibilité d'agir autrement
qu'il ne fait (car s'il s'avisait de mal faire, Big Brother se
chargerait de rectifier et l'intention et l'action). Lambda ne
peut donc que bien agir.

3) il n'est donc pas nécessaire, pour qu'un individu soit
considéré comme bon, qu'il ait la possibilité d'agir autrement.
Autrement dit, il n'est pas essentiel au bien d'être la branche
d'une alternative. On peut bien agir même si l'on n'a jamais la
possibilité de mal faire.

Un tel raisonnement pose au moins deux problèmes :
d'abord un problème de faisabilité (c'est l'objection de Robert
Kane). Comment Big Brother fait-il pour savoir s'il va

intervenir ou non pour rectifier une éventuelle mauvaise intention de Lambda? Comment sait-il quand il doit prendre les commandes de la volonté de Lambda? Tant que Lambda nourrit de bonnes intentions et accomplit de bonnes actions, tout va bien. Mais comment Big Brother est-il prévenu que Lambda s'apprête à faire un mauvais coup? Si Lambda mijote une méchanceté, il est trop tard. Il est déjà responsable d'un commencement de mauvaise conduite (mais doit-il être puni? c'est la problématique du film *Minority Report*, où une brigade « pré-crime » a pour mission d'arrêter des criminels avant qu'ils aient perpétré leur crime). Même si Big Brother empêche Lambda de passer à l'acte, le mal est déjà fait. Or, et c'est le problème, tant que Lambda n'a pas nourri de mauvaises pensées, Big Brother n'a aucune raison d'intervenir. Comment détecter une intention qui n'est pas encore dans l'esprit de Lambda? Ou bien nous sommes dans un monde déterministe, et Big Brother sait ce que fera Lambda, mais alors, comme Big Brother intervient pour empêcher le mal prémédité par Lambda, ce savoir est contradictoire. Ou alors, le monde n'est pas déterministe, et Big Brother peut être surpris par une subite velléité de méchanceté de la part de Lambda. Si cette velléité est mauvaise, alors Big Brother aura échoué dans sa mission qui est de prévenir tout mal dans Lambda. Le scénario de Frankfurt rencontre bien un problème de « faisabilité ».

L'agent bon en trunchos

Supposons maintenant que Big Brother ait la possibilité de savoir ce que Lambda se prépare à faire (c'est-à-dire ce que Lambda va faire de bien ou ce que Lambda s'apprêtait à faire mais ne fera pas) de manière à intervenir en conséquence, sans que le comportement de Lambda soit déterminé (car alors à quoi bon parler de responsabilité?). Peut-on légitimement conclure (3) de (1) et (2) ? Il est exact que, dans ce cas d'école, le cobaye Lambda ne peut avoir que de bonnes intentions et bien agir. Il est exact que, dans les phases de son existence où c'est de lui-même qu'il agit bien, on lui impute à juste titre ces bonnes actions. Mais le Lambda qui fait le bien malgré lui n'est plus le même Lambda que celui qui agit de son plein gré. Ce n'est pas un agent moral au sens courant de ce terme : c'est un intermittent de la morale qui n'est pas continuellement responsable de ses actes. Non seulement le bien qu'il est forcé de faire lorsqu'il est passé sous le contrôle de Big Brother (parce qu'il allait faire le mal) ne peut pas lui être compté comme un mérite. Mais surtout, l'impossibilité où se trouve Lambda d'agir autrement que bien est le résultat d'une correction de sa trajectoire agentive par Big Brother. C'est parce que Lambda aurait pu avoir la possibilité de mal agir que Big Brother intervient de façon à ce que Lambda n'ait pas (ou plus) la possibilité de mal agir. Il s'agit d'une neutralisation, d'une privation, et non d'une négation. Le pouvoir d'agir autrement reste donc une condition de l'intervention de Big Brother. Quand l'action de Lambda ne passe pas sous contrôle de Big Brother, Lambda n'est pas moins susceptible d'agir autrement : si cette possibilité n'est jamais effective, c'est parce qu'elle est neutralisée, mais pas parce qu'elle serait inexistante. L'argument de Frankfurt dessine bien une possibilité conceptuelle, mais nous fait sortir du cadre normal d'évaluation morale des actions, puisqu'il met en scène un agent dont la responsabilité est intermittente. C'est un agent bon, mais un agent bon en tranches. Son identité fait problème. Le scénario frankfurtien ne permet pas de conclure qu'un agent réel est bon même s'il n'a pas la possibilité d'agir mal.

Faut-il en conclure que la possibilité de mal faire est une condition nécessaire pour que bien agir soit méritoire ? Faute de cette possibilité, il n'est pas certain que le bien soit à porter au crédit de l'auteur de la bonne action. La responsabilité par rapport au bien semble donc supposer une liberté de mal agir. Plus exactement, l'imputation du bien à un agent sous-entend qu'il ne soit pas automatiquement voué à bien agir. Inversement dans une conception déterministe stricte, où chaque action est entièrement déterminée par des causes, on n'imputera pas de vice : « Rien ne se produit dans la Nature qu'on puisse attribuer à un vice de cette Nature ; car la Nature est toujours la même, et partout sa vertu et puissance d'agir est une et la même »[1]. En effet, pour Spinoza : « Quant au bien et au mal, ils n'indiquent rien non plus de positif dans les choses, considérées du moins en elles-mêmes, et ne sont rien que des modes de penser, ou des notions que nous formons du fait que nous comparons les choses entre elles ». Le courage et la lâcheté ne sont ni bons ni mauvais : ce sont des degrés différents de la puissance d'agir distribuée dans la nature : « Par bon, j'entendrai donc par la suite ce que nous savons avec certitude être un moyen de nous rapprocher du modèle de la nature humaine que nous nous proposons ; par mauvais, ce que nous savons avec certitude nous empêcher de le reproduire »[2].

Même dans cette conception déterministe, et naturaliste, on peut observer une dissymétrie entre Bien et Mal. Le premier terme désigne un modèle dont il faut se rapprocher, le second désigne l'éloignement, la privation, voire la négation (la dégradation ou la destruction). S'il en est ainsi, un être omniscient et libre (agissant conformément à des mobiles rationnels) ne manquerait pas d'être bon. La tendance au mal résulterait d'un brouillage, d'un parasitage, d'une illusion, d'un détournement, de l'action de motifs extérieurs, ou simplement, dans les

1. B. Spinoza, *Éthique* III, Préface.
2. B. Spinoza, *Éthique* IV, prop. 67.

éthiques intellectualistes ou naturalistes (Platon, Spinoza), d'une ignorance. Dans de telles éthiques, le bien s'accomplit par nécessité : il découle naturellement de la connaissance adéquate de ce qu'est le bien (ou l'utile). Mais il y a un autre concept de la nécessité propre au bien à accomplir, c'est le concept de devoir.

Bien et devoir

Dans cette quatrième section, on se propose d'instruire les questions suivantes : en quoi et pourquoi le bien serait-il source d'obligation ? Comment, le cas échéant, le bien a-t-il force d'obligation ? « L'idée de Bien moral n'est pas séparable de celle d'obligation » affirme Lachelier. Parmi les différentes occurrences du bien, celles qui comportent cette dimension d'obligation seraient donc réunies sous le concept de Bien moral. Cette relation entre le bien et l'obligation morale pose problème. Comment s'articulent ces deux aspects du bien : le fait que le bien est ce qu'on recherche (comme on recherche le plaisir, le bien-être, les bienfaits, les bénéfices, etc. …); et le fait que le bien est censé *devoir* être recherché, que le bien est ce *qu'il faut faire*, bref, qu'on est tenu (par qui, et de quel droit ?) de se porter vers les actions bonnes. Comment passe-t-on d'un énoncé descriptif (« il a tenu parole », « elle a rendu la somme prêtée », « ils ne se sont pas vengés », etc.) à un énoncé prescriptif (« il ne faut pas trahir sa parole », « on doit rendre les sommes prêtées », « il n'est pas bon de se faire justice soi-même »)?

La force d'obligation du bien

On a suggéré en introduction que la disparition (ou du moins les apparitions toujours plus discrètes) du bien dans la réflexion éthique était une conséquence de la mise en sommeil de la notion d'obligation naturelle. Toutefois, observions-nous, même lorsque l'éthique se veut contractuelle, la notion d'obligation demeure : agit bien celui qui tient parole, qui tient les engagements qu'il a souscrits (*pacta sunt servanda*, « les pactes doivent respectés »). C'est un devoir de ne pas les enfreindre. D'où vient la force d'obligation du bien ? De l'intérêt seulement ? Non, car on imagine sans peine des situations où l'on aurait avantage à ne pas tenir parole. Situation classique : un ami vous prête une somme importante, mais sans aucune espèce de reconnaissance publique ou officielle de dette. Vous donnez votre parole de le rembourser, lui ou ses ayant-droits. Il meurt. Vous n'avez pas d'avantage matériel à faire connaître votre dette aux ayant-droits. Pourtant vous pouvez estimer que quelque chose vous y oblige. L'obligation morale de bien agir n'est donc pas nécessairement liée à l'obtention d'un avantage. À moins de considérer que l'estime de soi, la paix de la conscience, la dignité morale constituent en eux-mêmes des biens substantiels, des bénéfices moraux.

La valeur morale du bien n'est pas toujours celle d'une obligation imprescriptible. On peut ainsi être seulement *invité* à faire le bien, comme dans le cas des actions dites « suréroga- toires ». Si on les accomplit, on fait bien, mais s'en abstenir n'est pas mauvais : il s'agit de bien facultatif, ou optionnel. On peut aussi être *tenu de* faire le bien, le bien est alors obligatoire. Quand faire le bien consiste à éviter ou à empêcher que se produise le mal, il constitue une obligation incombant à tous les membres d'une société (à des degrés de responsabilité divers). On peut se demander toutefois si la catégorie des actions surérogatoires (bonnes mais pas obligatoires) est vraiment imperméable à la notion d'obligation. Par exemple partager ses biens, donner son superflu n'est pas obligatoire en temps normaux. Mais en cas de détresse, cela devient un devoir d'assistance de nourrir l'affamé ou de le protéger du froid, quand bien même il n'y aurait pas de sanction morale. Un bien absolument surérogatoire (c'est-à-dire jamais exigible, aucune circonstance ne le rendant obligatoire) ne correspondrait-il pas, en fin de compte, pas à une action indifférente ? L'hypothèse que nous suggérons est la suivante : l'action surérogatoire est une action qui, sous certaines conditions, pourrait être rendue obligatoire. Le bien qu'elle vise est de ceux dont l'accomplissement est susceptible de revêtir un caractère d'obligation. De sorte que l'accomplissement d'actions surérogatoires serait une préparation ou un entraînement à remplir nos obligations morales.

La notion d'obligation envers le bien (l'idée qu'il y a un bien et un mal, ou du bien et du mal, et que nous sommes tenus d'accomplir les uns et d'éviter les autres) prête le flanc à des objections sceptiques. On peut soupçonner que l'obligation envers le bien n'est que l'expression des intérêts d'un groupe qui a formulé des prescriptions morales à son avantage. De même que le juste peut être réduit à l'avantageux, le bien (ou l'honnête, *honeste* comme disaient les latins) n'est peut-être que l'intérêt de ceux qui le prônent (l'*utile*, ce qui sert leurs fins). Dans ces conditions, il est clair que le bien n'aura pas en lui-même force d'obligation morale : il ne sera pas moralement exigible. Chaque individu ou chaque collectivité poursuit des fins qui lui sont propres (recherche de biens fondamentaux : la santé, la sûreté, la liberté, le bien-être, l'activité, l'affection, la reconnaissance, l'amour, les plaisirs, le repos, les biens culturels, l'exercice de responsabilités, la production d'œuvres ou l'accomplissement de projets, etc.). Mais ces biens-fins n'engendrent pas d'obligation morale : tout au plus des besoins physiologiques (nourriture, sexualité) ou psychologiques (reconnaissance, affection). Sauf si l'on considère que c'est un devoir moral de satisfaire certains besoins fondamentaux (s'alimenter raisonnablement, s'instruire, participer à des activités sociales, etc.). Il peut sembler pourtant, à première vue, que le champ des obligations morales soit assez limité : quelques devoirs envers soi-même et envers autrui, comme l'entretien de sa propre existence et de celle des personnes dont on a la charge, et un respect corrélatif des ressources environnementales. On pourrait dire qu'il s'agit de contraintes fonctionnelles. Tout le reste proviendrait de contraintes physiques ou psychologiques inventées par des individus ou des groupes pour améliorer leur situation, et éventuellement imposées à l'ensemble de la collectivité comme cadre d'obligations. Nietzsche a décrit dans ce sens une double généalogie de la morale : une généalogie du sentiment d'activité et une généalogie du ressentiment. La catégorie du « bon » est, pour l'homme actif, l'expression d'un sentiment de puissance. Mais pour les faibles, c'est une invention permettant de disqualifier la supériorité des forts : les agneaux ont en horreur les prédateurs ; ils reprochent aux prédateurs leur nature de prédateurs ; ce reproche de méchanceté les conduit à se qualifier eux-mêmes, par contraste, par ressentiment, de « bons » [1]. Or c'est un préjugé populaire, selon Nietzsche, de croire que l'homme fort « serait libre de manifester la force ou non ». Nietzsche rétorque que le prédateur n'a pas de comptes à rendre. La critique nietzschéenne de la catégorie morale du bon ne convaincra que ceux qui estiment en effet : 1) que les rapports humains sont uniquement des rapports de force ;

---

1. F. Nietzsche, *Généalogie de la Morale*, I, § 13.

2) qu'« une quantité de force correspond exactement à la même quantité d'instinct, de volonté, d'action » qui s'exerce aveuglément, sans choix, sans responsabilité. Cette hypothèse est possible (elle réduit la morale à une physiologie) mais d'emblée, elle récuse la notion de Bien qu'elle a remplacé par la notion de bonté technique (l'aigle est meilleur à la chasse que l'agneau). Nietzsche prétend ainsi retraduire le langage des intuitions morales en un jeu de forces irresponsables. C'est une théorie morale réductrice, mais c'est encore une théorie (généalogique) de la morale.

La critique humienne

Une critique sceptique beaucoup plus dévastatrice consiste à contester le bien-fondé de toute théorie morale. Hume propose de montrer en ce sens que la perception du Bien ne repose sur aucun fondement solide, que « les distinctions morales ne sont pas dérivées de la raison »[1]. Hume affirme que les distinctions morales usuelles sont dénuées de justification rationnelle. Pour arriver à ce résultat, Hume met en place un certain nombre de positions de principe. Nous allons en faire le relevé avant de les discuter.

> A. « Bien et mal moral relèvent des actions de l'esprit, et sont dérivées de notre situation à l'égard d'objets extérieurs ».
> B. « les distinctions morales proviennent de relations entre les actions internes de l'esprit (passions, volitions) et les objets extérieurs » (Hume en précise le fonctionnement : est bon ce que nous désirons, mauvais ce que nous redoutons).

---

1. D. Hume, *Traité de la nature humaine*, Livre III (*Of Morals*), Ire Partie (*Of virtue and vice in general*), Section I (*Moral distinctions not deriv'd from reason*), trad. fr. Ph. Saltel, Paris, GF-Flammarion, 1993, p. 59-65.

B1. « si ces relations pouvaient appartenir aux actions intérieures prises isolément, il s'ensuivrait que nous pourrions être coupables de crimes en nous-mêmes, indépendamment de notre situation à l'égard de l'univers ».

B2. « si ces relations morales pouvaient être appliquées aux objets extérieurs, il s'ensuivrait que même des êtres inanimés pourraient être susceptibles de beauté ou de laideur morale ».

C. « il semble difficile d'imaginer que l'on puisse découvrir une relation quelconque établie en comparant nos passions, volitions et actions, et les objets externes, relation qui ne doive n'appartenir ni à ces passions et volitions, comparées entre elles ; ni à ces objets externes, comparés entre eux ».

D. « aucune relation ne peut produire la moindre action ».

E. « l'influence causale et la connexion ne sont connues que par expérience ».

F. « nous ne pouvons donc prouver a priori que ces relations, si elles existaient réellement et si on les percevait [ce que conteste C], seraient universellement contraignantes et obligatoires ».

Hume commence donc par affirmer (A) que les catégories de bien et de mal moral apparaissent toujours dans un contexte, et sont appliquées à notre situation dans le monde. Hume en infère que ces catégories morales sont dérivées (et non des données premières). Mais cette dérivation ne sera pas objective. En quoi consiste cette dérivation ? C'est ce que précise Hume en justifiant la proposition B, qui récuse la nature purement psychologique ou purement matérielle de ces distinctions morales. En B1, Hume réclame un critère externe de distinction morale. Une décision purement interne à l'esprit humain, isolée de tout passage à l'acte, coupée de toute conséquence dans le monde extérieur ne peut être, d'après Hume, ni bonne ni mauvaise. La vie morale n'est jamais purement cérébrale. Le bien et le mal ne sont pas présents dans l'activité psychologique isolée de l'interaction avec des objets extérieurs ou d'autres agents. Pas davantage, nous assure Hume en

B2, les objets extérieurs ne recèlent en eux la justification des termes moraux. Un revolver n'est ni bon ni mauvais. De même pour les événements. En elle-même une chute n'est ni bonne ni mauvaise, etc.

Avec C, on rencontre une nouvelle fois le problème du fondement de l'obligation : il ne suffit pas de fonder les distinctions morales sur des relations entre actions de l'esprit et objets extérieurs, il faudrait encore montrer que la découverte de ces relations oblige la volonté, la pousse à telle action plutôt qu'à telle autre, exige telle réaction plutôt que telle autre :

> afin de prouver que les déterminations du bien et du mal sont des lois éternelles, obligatoires pour tout esprit rationnel, il ne suffit pas de montrer les relations qui les fondent [et qui résident selon Hume dans une « différence abstraite et rationnelle entre bien et mal ainsi que concordance et discordance naturelle entre les choses »], nous devons aussi désigner la connexion qu'il y a entre la relation et la volonté.

Hume affirme C parce qu'il raisonne dans un cadre où l'interaction causale est dépourvue de justification rationnelle. *A fortiori*, une relation entre des états mentaux (passions, volitions, décisions) et des objets externes ne pourra pas fournir le moindre fondement objectif à la motivation d'une action. Or, poursuit Hume en D, il y a un abîme entre les relations, qui relèvent du jugement, et la volonté initiant une action. Reste donc (E) : l'expérience subjective d'une conjonction constante entre des situations et des sentiments moraux, comme seul accès aux catégories morales. D'où résulte (F) : pas de fondement *a priori* des distinctions morales, pas de critère objectif du bien. La stratégie de Hume consiste, en résumé, à situer le bien et le mal dans une relation entre actions de l'esprit et objets extérieurs, à souligner que les actions de l'esprit seules ou les objets extérieurs seuls ne recèlent rien qui puisse motiver un jugement moral, enfin à contester que cette relation entre actions de l'agent et situation de l'agent dans le monde ait la moindre stabilité. Elle est constamment opaque. On ne sait pas *a priori* ce qu'on va y trouver (convenance, disconvenance, approbation, condamnation). Et quand bien même on pourrait faire un inventaire des relations typiques entre actions de l'esprit et situation de l'agent à l'égard d'objets extérieurs, on n'aurait pas pour autant mis à jour le caractère obligatoire de ces relations.

Hume revendique donc un subjectivisme moral : « morality is not an object of reason ». Il prend l'exemple d'un homicide volontaire (*wilful murder*). Qu'est-ce que la raison nous autorise à dire d'un homicide ? Rien de moral, selon Hume. Aucune qualification morale ne peut être inférée du spectacle d'un homicide : « vous n'y trouverez que des passions, des motifs, des volitions et des pensées [*There is no other matter of fact in the case*] ». C'est pourquoi « le sentiment de désapprobation qui s'élève en nous contre un acte […] est objet de *feeling*, non de raison ».

> Le vice et la vertu peuvent donc être comparés aux sons, aux couleurs, à la chaleur et au froid qui, d'après la philosophie moderne, ne sont pas des qualités appartenant aux objets mais des perceptions de l'esprit.

Dans ces conditions, le bien se réduira à un sentiment d'approbation, à une réaction « positive », à l'agrément interne qui accompagne la description d'une situation externe à l'agent, et rien d'autre. À la limite, on pourra adopter une conception « émotiviste » du bien : on appelle « bonne » une situation, une décision, une action qui suscite l'enthousiasme, le soulagement, l'épanouissement d'une émotion agréable. Bien sûr, un partisan de l'objectivisme pourrait demander :

mais pourquoi le même genre d'acte (sauver un enfant qui se noie, aller chercher une personne grabataire au milieu des flammes, faire un témoignage véridique malgré des menaces de représailles etc. …) déclenche-t-il ces émotions associées au « bien » tandis que les actes opposés comme l'indifférence au sort d'autrui, la cruauté, la lâcheté déclenchent l'émotion opposée ? Certes, les sons, les couleurs, la chaleur et le froid, que Hume compare au vice et à la vertu, peuvent toujours être décrits comme des perceptions de l'esprit : ce sont les modifications de nos organes sensoriels dont nous prenons conscience. Mais ces modifications ont des antécédents causaux dans les objets émettant des ondes sonores, réfléchissant la lumière, provoquant une agitation moléculaire etc. On a vu que pour disqualifier l'objectivité des notions de bien (et de mal), Hume était obligé d'en appeler à sa théorie qui refuse toute objectivité à l'influence causale. Les émotions du bien et du mal sont suscitées en nous, par des causes inconnues. Pour se débarrasser de l'objectivité du bien, Hume est obligé de se débarrasser de toute connaissance objective autre que les connaissances formelles ou la description du contenu factuel des perceptions : c'est quand même cher payer pour une tranquillité toute relative.

Le problème is/ought

Hume dénonce ensuite, dans la description des phénomènes moraux, un mélange suspect entre les questions de fait et les questions morales (d'obligation, de devoir). Hume dénonce un changement subreptice de « c'est » (*is*) en « il faut » (*ought*) :

> Dans tout système de moralité, j'ai toujours remarqué que l'auteur procède pendant un certain temps selon la manière ordinaire de raisonner, établit l'existence d'un Dieu (*of a God*)

ou fait des observations sur les affaires humaines ; quand tout soudain je suis surpris, de ne plus rencontrer de proposition qui ne soit liée par un *ought* (doit) ou par un *ought not*, au lieu des copules habituelles *est* et *n'est pas*. Ce changement est imperceptible ; mais il est néanmoins de la plus grande importance.

Hume considère que, d'un état de choses décrivant des relations factuelles entre des éléments de la réalité perçue, il n'est pas légitime de dériver des propositions prescrivant des relations normatives. Ce changement de registre est une supercherie. Cette dénonciation a connu une grande fortune. On la retrouve jusque chez Wittgenstein. Elle s'énonce comme un théorème de séparation entre fait et valeur absolue. C'est le thème de l'indicibilité de la valeur :

> Aucun énoncé de fait ne peut être ou ne peut exprimer un énoncé de valeur absolue.

Ce théorème peut-il être démontré, ou au moins établi avec une certaine probabilité ? À défaut d'une justification rigoureuse, on peut toujours raisonner sur un exemple. C'est ce que fait Wittgenstein :

> Par exemple, si nous lisions dans notre livre du monde la description d'un meurtre, avec tous les détails physiques et psychologiques, la pure description de ces faits ne contiendra rien que nous puissions appeler une proposition éthique. Le meurtre sera exactement au même niveau que n'importe quel autre événement, par exemple la chute d'une pierre. Assurément, la lecture de cette description pourrait provoquer en nous la douleur, la colère ou toute autre émotion, ou nous pourrions lire quelle a été la douleur ou la colère que ce meurtre a suscitée chez les gens qui en ont eu connaissance, mais il y aura là seulement des faits, des faits, – des faits mais non de l'éthique.

Cet exemple permet-il de conclure l'indicibilité de la valeur ? On pourrait remarquer que ce n'est qu'un exemple (une hirondelle ne fait pas le printemps) et qu'il concerne un acte réputé moralement mauvais. Il se pourrait donc que la malice d'autres actes mauvais se prête à une description factuelle, ou encore que la bonté morale de certains actes, contrairement à la malice, soit susceptible d'entrer dans la description de faits. En réalité, ces contre-exemples semblent exclus dans la perspective wittgensteinienne. Si le monde est l'ensemble des faits (c'est-à-dire, des états de choses, le fait étant pour Wittgenstein l'existence d'un état de choses), les propositions décrivant le monde ne peuvent atteindre que des faits, et jamais mettre la main sur quelque chose comme une valeur absolue :

> L'éthique, si elle existe, est surnaturelle, [...] le bien absolu, si toutefois c'est là un état de choses susceptible de description, serait un état dont chacun, nécessairement, poursuivrait la réalisation, indépendamment de ses goûts et inclinations, ou dont on se sentirait coupable de ne pas poursuivre la réalisation [1].

Ou, comme le dira encore Iris Murdoch, reprenant à Wittgenstein l'idée que l'inexprimable c'est l'élément mystique : « L'arrière-plan de la morale est bien une sorte de mysticisme, si l'on entend par là une foi non dogmatique, essentiellement informulée, en la réalité du Bien, foi occasionnellement couplée avec l'expérience » [2].

La répartie kantienne ou le primat de la volonté autonome

La ligne sceptique Hume-Wittgenstein qui aboutit à poser que fonder l'éthique est impossible, repose donc sur la consi-

---

1. L. Wittgenstein, « Conférence sur l'éthique », *op. cit.*, p. 145-148.
2. I. Murdoch, *La souveraineté du bien*, *op. cit.*, p. 91.

dération suivante : si aucun état de choses ne peut se voir reconnaître « le pouvoir coercitif d'un juge absolu », alors il n'existe pas de bien objectif, ou du moins, l'objectivité du Bien n'est pas de ce monde. L'alternative à cette ligne consiste à reconnaître que le bien n'est pas de l'ordre du fait, mais du devoir, et qu'il ne faut pas s'émouvoir de ne pouvoir déduire le devoir du fait (pas plus qu'on ne déduit le code de la route du comportement des conducteurs le soir du nouvel an). Mais quelle sera alors la nature de ce devoir, et en quoi peut consister sa relation avec le Bien ? Pour en avoir une idée, on va suivre les principales étapes d'une déduction *a priori* du concept de Bien. L'idée capitale, c'est que le Bien n'est plus considéré comme l'Attracteur, dans le monde ou hors du monde, vers lequel convergent idéalement les décisions, les actions et les états de choses. La conception téléologique du Bien est abandonnée, au profit d'une conception normative, dans laquelle c'est la volonté qui est la norme du Bien, et non plus l'inverse. Comment un tel renversement peut-il se produire ? Pour évaluer cette prodigieuse inversion des rôles, on peut examiner dans quelle mesure Kant prolonge le scepticisme moral de Hume, et dans quelle mesure il prétend le dépasser. Reprenons les propositions humiennes évoquées plus haut.

Kant conteste A : certes, le bien et le mal moral relèvent des actions de l'esprit, mais ne sont pas dérivés de notre situation a l'égard d'objets extérieurs. Kant revendique une autonomie de la volonté : elle doit se donner sa loi à elle-même, et non la chercher dans une impulsion extérieure.

Kant conteste B : les distinctions morales (le bien et le mal) devront, pour avoir une validité *a priori* (c'est-à-dire être universelles et nécessaires), « être dérivées d'une loi pratique qui précède » (« loi pratique » signifie ici une forme d'obligation universelle de la volonté).

En revanche, Kant accepte sans réserve C : il est impossible de trouver entre nos états d'âme et les objets externes une relation établie qui permettrait de fonder les distinctions morales. Ce serait tomber dans l'hétéronomie (*i.e.* la dépendance de l'agent moral vis-à-vis d'une loi autre (*hétéros nomos*) que celle de sa volonté, par exemple les conditions empiriques résultant des lois de la nature).

Pour comprendre et évaluer la tentative kantienne de donner au Bien un fondement objectif et universel, il faut prendre en compte sa conception de la raison pratique [1]. Dans un premier état de sa réflexion, Kant avait considéré que le Bien, comme le Vrai, était l'objet d'un sentiment irréductible, indépassable, comparable au sentiment esthétique. « Le bien, écrivait-il, est une notion obscure et complexe. Le jugement : "ceci est bien" est tout à fait indémontrable ». Dans un état ultérieur de sa réflexion, s'arrachant à Hume, le voici qui développe une théorie morale nouvelle.

Pour Hume : même si le bien existait, il n'obligerait pas. En un sens, Kant admet que le Bien n'a pas tel quel force d'obligation, à moins d'être défini par une maxime de la volonté, qui puisse s'imposer à tous comme loi universelle. Pour Kant, le fondement de l'obligation, c'est la volonté mûe par le devoir : rien de bon si ce n'est une volonté bonne. Ce que Kant appelle la raison pratique, c'est notre faculté de déterminer la volonté et l'action au moyen de concepts. (Termes apparemment vagues mais assez contraignants : ils signifient que nous sommes en mesure de vouloir quelque chose et d'initier une

---

1. E. Kant, *Critique de la raison pratique*, Ire partie (Analytique), Livre I, chap. II, « Du concept d'un objet de la raison pratique pure », *op. cit.*, p. 162-179. Dans la mesure où nous discutons seulement ici le concept de Bien, on ne propose pas un énième exposé sur la « morale kantienne ».

action par référence à des concepts : nous pouvons savoir ce que nous faisons, le décrire autrement que comme des impulsions auxquelles nous assisterions passivement). Kant affirme que notre raison pratique doit être « pure », c'est-à-dire qu'elle doit nous permettre de fixer notre volonté indépendamment de tout élément empirique : inclination sensible ou besoin physiologique, attirance pour l'agréable ou aversion pour les désagréments ou la douleur. La raison pratique, disent les *Fondements de la Métaphysique des Mœurs*, doit déterminer la volonté par des principes a priori. Ce n'est pas à partir de prétendus exemples de bonnes actions qu'on peut définir l'objet du devoir. Nous devons remonter à la source qui est « l'idée que la raison trace de la perfection morale ». Kant invoque même une page de l'Évangile pour justifier le primat absolu de la raison :

> Même le Saint de l'Évangile doit être d'abord comparé avec notre idéal de perfection morale avant qu'on ne le reconnaisse pour tel ; aussi dit-il de lui-même : Pourquoi m'appelez-vous bon, moi (que vous voyez, ajoute Kant) ? Nul n'est bon (le type du bien, précise aussi Kant) que Dieu seul (que vous ne voyez pas, ajoute encore Kant). Mais d'où tirons-nous le concept de Dieu comme souverain bien ? Uniquement de l'idée que la raison trace *a priori* de la perfection morale, et qu'elle lie indissolublement au concept d'une libre volonté [1].

Nous devons donc avoir accès à une idée du bien, universellement valide. En quoi consiste cette idée ? En une intuition ? En une tendance naturelle ? Dans la *Critique de la raison pratique*, Kant commence par affirmer que « le concept de bien doit être dérivé d'une loi pratique qui précède ». Il

1. E. Kant, *Fondements de la Métaphysique des Mœurs*, IIe section, IV, 408.

établit cette affirmation par l'absurde : si au contraire « le concept de bien doit servir de fondement à cette loi », alors ce concept sera inévitablement celui de « quelque chose dont l'existence promet du plaisir ». Dans ces conditions, le bien est réduit à l'agréable, et de plus ne peut faire l'objet d'une détermination *a priori* : « c'est de l'expérience seule que dépendrait la détermination de ce qui est immédiatement bon ou mauvais ». Or Kant sous-entend que l'expérience présente n'est pas une garantie suffisante du Bien objectif. D'abord parce que le Bien n'est pas toujours agréable. Ensuite parce que l'agréable n'est pas le même pour tous : « la simple sensation est bornée à des sujets particuliers et à leur réceptivité ». Il n'est pas prudent de se fier aux états subjectifs particuliers pour y rechercher un guidage de l'action morale. Or, le plaisir et la peine étant subjectifs et particuliers, « ils ne peuvent par eux-mêmes être liés a priori de façon immédiate à aucune représentation d'un objet ». Agir bien ne saurait se réduire à agir en vue du plaisir. On voit à quel point la démarche de Kant dissocie moralité et expérience, de même qu'elle dissocie le bien et le plaisir. Ce qui est gagné en aprioricité (la forme de l'action bonne précède toute expérience) est perdu en pédagogie. Dans ce contexte d'une idée a priori du bien, nulle pédagogie de la bonne action n'est vraiment légitime. L'incitation au bien moral qui tenterait d'associer la pratique du bien à un plaisir (une récompense, un sentiment de bien-être) ne produit selon Kant, dans le meilleur des cas, qu'un individu qui a de bonnes mœurs (qui est, selon l'expression latine *bene moratus*) mais pas un individu moralement bon (*moraliter bonus*). Le seul mobile qui soit digne de l'action bonne, c'est l'idée même du devoir, c'est le respect dû à la loi morale [1].

---

1. E. Kant, *Métaphysique des Mœurs*, Introduction III, VI, 219.

Dans la *Critique de la raison pratique*, Kant critique donc la définition du bien comme but de nos désirs. Il se prévaut pour ce faire de la supériorité de la langue allemande, dont le génie distingue « deux concepts très différents de ce que les latins dénomment par un seul mot, *bonum* ». On a relevé plus haut l'ambiguïté du terme ; « *das Gute* » désigne la bonté intrinsèque d'une action ; « *das Wohl* » désigne le bien-être que, le cas échéant, elle nous procure. De cette remarque lexicographique, Kant tire une nouvelle justification en faveur de sa démarche. Si l'allemand distingue le bien du bien-être et le mal du désagrément, il doit y avoir une raison : et cette raison c'est que ce n'est pas la même faculté qui est en charge de ces deux couples. La sensibilté est concernée par le bien-être et la douleur.

> Mais le bien et le mal signifient toujours un rapport à la volonté, en tant que celle-ci est déterminée par la loi de la raison à faire de quelque chose son objet ; car la volonté aussi n'est jamais immédiatement déterminée par l'objet et par la représentation de celui-ci, mais elle est un pouvoir de faire, pour soi-même, d'une règle de la raison, la cause motrice d'une action, par laquelle son objet peut devenir effectivement réel. Le bien ou le mal sont donc rapportés, [...] à des actions, et non à l'état de la sensibilité de la personne.

Contrairement à ce que prétendait Hume, le bien concerne le rapport de l'agent à l'action :

> si quelque chose devait être absolument [...] bon, ou tenu pour tel, ce serait seulement la manière d'agir, la maxime de la volonté et, partant, la personne même qui agit [...] mais non une chose.

Ayant distingué le bien et le mal en soi de ce que sont le bien-être et les maux, toujours relatifs à l'état de la sensibilité, Kant se demande comment doit se déterminer la volonté.

Résumons les positions kantiennes, cette fois au moyen des « propositions-fondamentales de la raison pratique pure »[1]. La volonté peut bien sûr se déterminer (et elle le fait souvent) selon une règle subjective, que Kant nomme maxime (par exemple « s'enrichir par tous les moyens », ou « ne jamais subir une offense sans chercher à se venger » (§ 1)). Mais de telles maximes, affirme Kant, ne constitueront jamais des lois. Elles sont des recommandations pour préserver ou acquérir un bien-être, un confort, une satisfaction subjectifs. Elles n'ont pas la force ou la portée de règles objectives que Kant appelle des lois. Les règles subjectives présupposent une matière particulière de notre faculté de désirer : elles sont donc purement empiriques (§ 2). Ces principes pratiques matériels relèvent d'un « principe de l'amour de soi ou du bonheur personnel » : le Bien est réduit à mon bien, à ce qui me fait du bien, à ce qui me paraît bon, dans telles et telles circonstances, dans telle ou telle situation (§ 3). Des lois universelles devront au contraire déterminer la volonté de manière formelle et non matérielle (§ 4). Kant en déduit que c'est la forme de la maxime qui garantit la bonté de l'acte conforme à cette maxime, et non la considération relative au contenu (à la matière) de l'action, c'est-à-dire aux intérêts, aux avantages, aux bénéfices escomptés, aux désagréments, aux dommages ou aux souffrances à redouter. Le devoir est le devoir, quoi qu'il nous en coûte (§ 5 et 6). Kant en tire la célèbre « Loi fondamentale de la raison pratique pure » : « Agis de telle sorte que la maxime de ta volonté puisse toujours valoir en même temps comme principe d'une législation universelle » (§ 7). Le Bien est défini comme la totale subordination, dans l'exer-

---

1. E. Kant, *Critique de la raison pratique*, Ire partie, Livre I, chap. I, *op. cit.*, p. 109-131.

cice de la volonté, des motifs subjectifs aux mobiles objectifs. Kant décrète l'insuffisance du principe du bonheur (chacun recherche sa félicité, incluant idéalement celle des autres) : prendre pour objet le bonheur, même un bonheur universel, cela revient à faire dépendre le bien des données de l'expérience (besoins alimentaires, contraintes climatiques, déséquilibre dans l'allocation des ressources et de la protection sociale, paramètres historiques, politiques, économiques, sociaux, personnels, etc.) ainsi que des opinions individuelles sur ce qui est exigible au titre de ce bonheur, etc. (§ 8).

On le voit, beaucoup de choses se ramènent, dans la conception kantienne du bien, à une alternative :

– ou bien une loi pratique *a priori* détermine immédiatement la volonté « sans égard à des objets possibles de la faculté de désirer (donc seulement par la forme légale de la maxime) […] l'action conforme à la loi est *bonne* en *elle-même*, et une volonté dont la maxime est toujours conforme à cette loi est *bonne absolument, à tous égards*, et elle est *la condition suprême de tout bien* ». On peut parler d'une « dématérialisation » du Bien : le Bien n'a pas selon Kant à être recherché dans le contenu sensible de l'action, il ne doit pas dépendre de la matière de l'action, mais seulement de la manière dont la volonté envisage l'action (à savoir, pour Kant, comme universalisable et non seulement comme localement bénéfique) ;

– ou bien la faculté de désirer présuppose « un objet de plaisir ou de peine, quelque chose qui fait plaisir ou qui est douloureux, et la maxime de la raison, qui enjoint de fuir ceci et de cultiver cela, détermine les actions de telle sorte qu'elles soient bonnes relativement à notre inclination. […] Le but lui-même, le plaisir, que nous recherchons, n'est pas, dans ce dernier cas, du *bien*, mais un bien-être, non un concept de la raison, mais un concept d'un objet empirique de la sensation »[1].

Kant privilégie, comme de bien entendu, la première branche de l'alternative et disqualifie la seconde : « *le concept du bien*, souligne Kant [...], *ne doit pas être déterminé préalablement à la loi morale (à laquelle il faudrait même, apparemment, qu'il serve alors de fondement) mais seulement* [...] *après cette loi et par elle* »[2]. Partir du concept de bien pour en dériver les lois de la volonté est doublement fautif selon Kant, car alors : 1) le seul garant du bien sera le sentiment de plaisir, toujours relatif aux individus : le Bien perd alors son universalité ; 2) quand bien même il y aurait un accord général (improbable) sur l'état de bonheur à atteindre, sur la liste des désirs à satisfaire (ce qui supposerait des désirs compatibles et jamais conflictuels, ceux d'une nature angélique non déchue), on buterait encore sur ce que Kant appelle l'hétéronomie : le bien dérivé de sources empiriques perdrait sa nécessité. C'est en somme la revendication de l'autonomie de la volonté, sa capacité d'être elle-même source d'une législation universelle, qui définit le Bien selon Kant. C'est même selon Kant un théorème de la raison pratique : « l'autonomie du vouloir [...] est l'unique principe de toutes les lois morales et des devoirs conformes à ces lois ». C'est donc elle qui définit le Bien.

La revendication kantienne d'une autonomie de la volonté le conduit à dériver le Bien de la capacité d'autolégislation de la raison. La volonté est partie prenante dans la détermination du Bien dont elle ne se contente pas de subir l'attraction. Pour autant, le concept de bien n'est pas livré à l'arbitraire indivi-

---

1. E. Kant, *Critique de la raison pratique*, 1re Partie, Livre I, chap. II, *op. cit.*, p. 168.

2. *Ibid.*, p. 169.

duel. La forme de l'universel est le critère de cette législation, la garantie de son objectivité. Cette idée d'autolégislation a été critiquée pour son formalisme et son abstraction, voire pour son incohérence. Pourtant, Kant ne prétend pas avoir découvert par ce moyen de nouvelles obligations morales, ni modifié notre représentation du Bien. C'est une nouvelle formule, et non un nouveau principe de la moralité que Kant prétend mettre à jour. Il reste que Kant laisse pour compte et même dévalorise toute découverte empirique du Bien (satisfaction des besoins fondamentaux, santé, plaisir, maîtrise de l'activité technique, acquisition de compétence, échange de biens culturels, communication affective, etc.). Le Bien cesse avec Kant d'être quelque chose qu'on vous fait, que vous ressentez, que vous recherchez. Ce n'est plus une source, c'est quelque chose que Kant prétend dériver de la propriété qu'a la volonté de se placer au point de vue universel. Le Bien n'est plus une source de bienfaits, il est ce que détermine la volonté autonome.

Les textes qui suivent proposent deux alternatives à cette issue kantienne. D'abord, avec G.E. Moore, une argumentation en faveur de l'indéfinissabilité du Bien. Ensuite avec Norman Kretzmann, un plaidoyer pour l'objectivité du Bien, c'est-à-dire son indépendance par rapport à toute volonté, fût-elle déterminée par une maxime susceptible d'être érigée en loi universelle, ou fût-ce celle de Dieu.

TEXTES ET COMMENTAIRES

TEXTE 1

G.E. Moore
Principia Ethica[1]

§ 10. Si donc « bon » est cette qualité que nous affirmons appartenir à quelque chose, lorsque nous disons que cette chose est bonne, alors « bon » n'est pas susceptible d'être défini, au sens le plus profond de « définir ». Le sens le plus profond de « définir » est celui d'après lequel une définition établit quelles sont les parties qui forment invariablement une totalité donnée. En ce sens, « bon » n'a pas de définition, parce que ce que désigne ce terme est simple et ne comporte pas de parties. C'est l'un de ces très nombreux objets de pensée qui eux-mêmes ne peuvent pas être définis, parce qu'ils sont justement les termes ultimes en référence auxquels tout ce qui *est* susceptible d'une définition devra être défini. Il est clair, si l'on y réfléchit, qu'il doit y avoir un grand nombre de termes de ce genre. En effet nous ne pouvons rien définir, sinon par voie d'analyse. Et cette analyse, poussée aussi loin que possible, finit par nous renvoyer à quelque chose qui sera

1. *Principia Ethica*, Th. Baldwin (ed.), 2e ed. Cambridge, Cambridge UP, 1993, § 10-11, 13, 15, p. 61-64, 66-69 et 73.

simplement différent de tout le reste, et qui par cette différence ultime expliquera ce qu'a de particulier le tout que nous définissons : en effet chaque totalité peut contenir certaines parties qui sont communes à d'autres totalités. Par conséquent, il n'y a aucune difficulté intrinsèque à affirmer que « bon » dénote une qualité simple et indéfinissable. Il existe de nombreux autres exemples de ce genre de qualités.

Considérons le cas du « jaune », par exemple. Nous pouvons essayer de le définir en décrivant son équivalent physique ; on peut établir le genre de vibrations lumineuses qui doivent stimuler l'œil dans les conditions normales, de telle sorte que nous puissions percevoir du jaune. Mais une brève réflexion suffit pour comprendre que ces vibrations lumineuses ne sont pas ce que nous entendons par jaune. Ce n'est pas *elles* que nous percevons. De fait, nous n'aurions jamais été en mesure de découvrir leur existence, à moins d'avoir d'abord été frappés par la différence patente de qualité qui sépare les diverses couleurs. Le plus que nous soyons autorisés à dire de ces vibrations, c'est qu'elles sont ce qui correspond dans l'espace au jaune qui est notre véritable perception.

Et pourtant, c'est le même genre d'erreur élémentaire qu'on a communément commise au sujet de « bon ». Il peut bien s'avérer que toutes les réalités qui sont bonnes soient *également* quelque chose d'autre, tout comme il est vrai que tous les objets qui sont jaunes émettent par réflexion un certain type de vibration lumineuse. C'est d'ailleurs un fait : l'Éthique cherche à découvrir quelles sont ces autres propriétés qui appartiennent à toutes les réalités qui sont bonnes. Mais beaucoup trop de philosophes estiment qu'en énumérant ces autres qualités, ils sont vraiment en train de définir le bien ; que ces propriétés n'étaient pas, en réalité, « autre chose », mais qu'elles sont purement et simplement identiques à la bonté.

C'est cette erreur de perspective que je propose de baptiser
« sophisme naturaliste », et dont je vais maintenant m'occuper.

§ 11. Prenons en considération ce que disent ces
philosophes. Il faut d'abord noter qu'ils ne sont pas d'accord
entre eux. Ils ne se contentent pas de dire qu'ils ont chacun
raison au sujet de la nature du bien, ils prétendent démontrer
que ceux qui disent que le bien est quelque chose d'autre ont
tort. L'un affirmera, par exemple, que le bien, c'est le plaisir ;
un autre dira peut-être que le bien, c'est ce qui est désiré ;
et chacun s'empressera de démontrer que l'autre a tort.
Comment une telle situation est-elle possible ? L'un dit que le
bien n'est rien que l'objet du désir, et tente du même coup
de prouver que ce n'est pas le plaisir. Pourtant, à partir de
sa première affirmation, à savoir que le bien signifie seulement l'objet du désir, il s'ensuit l'une de ces deux choses,
concernant sa preuve :

(1) Soit il tente de prouver que l'objet du désir n'est pas le
plaisir. Si c'est là tout ce qu'il fait, en quoi s'occupe-t-il
d'éthique ? La position qu'il défend n'est qu'une position
psychologique. Le désir est quelque chose qui se présente
mentalement, et le plaisir en est une autre : notre prétendu
philosophe éthique affirme seulement que celui-ci n'est pas
l'objet de celui-là. Mais qu'est-ce que cela peut avoir à faire
avec la question qui nous occupe ? Son adversaire défend la
proposition éthique selon laquelle le plaisir est le bien, mais
eût-il donné un million de preuves que (proposition psychologique) le plaisir n'est pas l'objet du désir, il n'a pas pour
autant prouvé que son adversaire avait tort. La situation est
comparable à celle-ci : quelqu'un dit qu'un triangle est un
cercle ; un autre affirme : « Un triangle est une ligne droite et je
vais vous prouver que j'ai raison : en effet (c'est son seul
argument) une ligne droite n'est pas un cercle ». « C'est vrai,
pourra répondre l'autre, cependant un triangle est un cercle, et

vous n'avez rien dit qui prouve le contraire. Ce qui est prouvé, c'est que l'un de nous a tort : nous avons tous deux reconnu qu'un triangle ne peut être à la fois une ligne droite et un cercle. Mais lequel d'entre nous a tort ? Nous n'avons aucun moyen humain de le prouver, puisque vous définissez le triangle comme ligne droite et moi comme cercle. ». Voilà donc une branche de l'alternative que toute éthique naturaliste doit affronter : dès lors que « bon » est *défini* comme quelque chose d'autre, il devient impossible de prouver la fausseté de toute autre définition, et même de nier une telle définition.

(2) L'autre branche de l'alternative ne sera pas plus acceptable. C'est de dire que toute cette discussion est purement verbale. Quand A dit : « Bon signifie ce qui plait », et quand B dit : « Bon signifie ce qui est désiré », peut-être se contentent-ils d'affirmer que la plupart des gens ont employé le mot « bon » pour désigner, respectivement, ce qui plait et ce qui est désiré. C'est un sujet de discussion certes intéressant, seulement il n'y a pas davantage l'ombre d'une discussion éthique que précédemment. Je ne pense pas d'ailleurs que le défenseur d'une éthique naturaliste consentirait à reconnaître que c'est tout ce qu'il veut dire. Tous sont très enclins à nous convaincre que ce qu'ils nomment le bien est justement ce que nous devrions faire. « Priez, agissez de telle manière, parce que le terme "bon" est généralement utilisé pour désigner les actions de ce type » : telle serait, à cet égard, la substance de leur enseignement. Dans la mesure où ils nous disent comment nous devons agir, leur enseignement est véritablement éthique, au sens où ils l'entendent. Pourtant la raison qu'ils en donnent est complètement absurde : « Vous devez faire ceci, parce que la plupart des gens utilisent tel terme pour désigner ce genre de comportement » ! Un argument tout aussi correct serait : « Vous devez dire ce qui n'est pas, puisque la plupart des gens appellent cela mentir » ! Chers collègues, ce qu'on

vous demande comme professeurs d'éthique, ce n'est pas comment les gens utilisent les mots; ce n'est pas non plus le genre d'actions qu'ils approuvent, et que leur utilisation du terme «bien» implique certainement: tout ce que nous voulons savoir, c'est ce qu'*est* le bien. On peut toujours concéder que ce que la plupart des gens estiment bon l'est en effet; on sera heureux en tout état de cause de connaître leur opinion à ce sujet: mais s'agissant de leur opinion sur ce qu'*est* le bien, c'est une autre affaire. Il ne s'agit plus de savoir s'ils donnent à ce qu'ils veulent dire le nom de «cheval», de «table» ou de «chaise», de «gut», de «bon» ou d'«agathos»; nous voulons savoir quelle est la réalité qu'ils désignent de cette manière. S'ils disent: «Le plaisir est bon», nous ne pouvons pas croire qu'ils veulent dire simplement: «Le plaisir est le plaisir», et rien de plus que cela.

§ 13. Si le terme «bon» ne désigne pas effectivement quelque chose de simple et d'indéfinissable, il reste seulement deux possibilités: ou bien c'est une certaine totalité complexe, sur l'analyse exacte de laquelle il peut y avoir désaccord; ou alors «bon» ne signifie rien du tout et une matière comme l'éthique n'existe pas. Pourtant, en général, les philosophes éthiques ont tenté de donner une définition de «bon», mais ils n'ont pas réalisé la signification d'une telle tentative. Leurs arguments contiennent au moins l'une des deux absurdités que j'ai relevées au § 11. Par conséquent, nous avons des raisons de conclure que la prétention à définir le bien est due principale-ment à un manque de lucidité quant à la possible nature d'une définition. Pour arriver à la conclusion que «bon» renvoie à une notion simple et indéfinissable, il faut donc passer par l'examen des deux seules alternatives possibles. Il se pourrait que «bon» renvoie à une réalité complexe, comme c'est le cas de «cheval» par exemple, ou alors il se pourrait que «bon» n'ait pas de signification du tout. Mais aucune de ces alternatives n'a été clairement conçue et sérieusement défendue par ceux qui prétendaient définir le bien; et chacune peut être écartée par un simple appel à la réalité des faits.

(1) L'hypothèse que le désaccord sur la signification de «bon» porte sur l'analyse correcte qu'il faut faire d'une certaine totalité, peut se révéler tout à fait fausse si l'on considère que, quelle que soit la définition proposée, il sera toujours pertinent de demander, à propos de la totalité complexe ainsi définie, si elle est bonne en elle-même. Prenons par exemple l'une des définitions de ce genre les plus plausibles, car les moins compliquées. À première vue, il est facile de penser que être bon signifie être une réalité qu'on se propose comme objet de désir (*to be that which we desire to desire*). Appliquons cette définition à un cas particulier et disons : «quand nous pensons que A est bon, nous pensons que A est une des choses que nous nous proposons comme objet de désir». Une telle proposition peut sembler tout à fait plausible. Mais si nous poursuivons notre investigation, et si nous nous demandons : «Est-il bon de nous proposer A comme objet de désir?», il apparaît rapidement que cette question est en elle-même tout aussi intelligible que la question de départ «Est-ce que A est bon?». Et nous voilà en train de rechercher exactement la même information au sujet du fait qu'on se propose A comme objet de désir, que lorsqu'on se posait auparavant la question au sujet de A lui-même. Il apparaît aussi que le sens de cette seconde question, on ne pourra l'analyser correctement en disant : «Le fait de se proposer A comme objet de désir est-il une des choses que nous nous proposons comme objet de désir?» : notre esprit n'est pas confronté à des questions aussi compliquées que «Est-ce que nous nous proposons comme objet de désir de nous proposer A comme objet de désir?». En outre, chacun pourra se convaincre intérieurement que le prédicat «bon» est parfaitement distinct de la notion de «ce

qu'on se propose comme objet de désir », dont on voudrait en faire le sujet : « Il est bon de se proposer A comme objet de désir » n'équivaut pas purement et simplement à « Il est bon que A soit bon ». Certes, il peut bien se faire que ce que nous nous proposons comme objet de désir soit aussi toujours bon ; l'inverse peut même être toujours vrai, mais cela est très douteux, et le simple fait que nous comprenions très bien ce caractère douteux montre clairement que nous avons affaire à deux notions différentes.

(2) Le même raisonnement suffira pour écarter l'hypothèse que « bon » est dénué de signification. Il est très courant de se tromper en supposant que ce qui est vrai universellement est de telle nature que sa négation serait contradictoire. L'importance qui a été accordée dans l'histoire de la philosophie aux propositions analytiques montre à quel point cette erreur est facile à commettre. Dans ce sens, on conclura facilement que ce qui se présente comme un principe éthique universel est en fait une proposition identique. C'est-à-dire que si, par exemple, tout ce qui est appelé « bon » a l'air d'être objet de plaisir, on dira que la proposition « Le bien c'est le plaisir », au lieu d'affirmer une connexion entre deux notions distinctes, n'en implique qu'une seule, celle du plaisir, qu'on reconnaît comme une entité à part. Mais quiconque examinera attentivement ce qu'il a vraiment à l'esprit quand il se demande : « Après tout, le plaisir (ou quoi que ce soit) est-il le bien ? », se rendra compte facilement par lui-même qu'il ne se demande pas seulement si le plaisir est objet de plaisir. Et s'il renouvelle successivement cette expérience avec différentes propositions de définition du bien, il pourra prendre suffisamment conscience du fait que, dans chaque cas, ce qu'il a à l'esprit, c'est un unique objet, et que la question qu'on peut poser sur la connexion de cet objet avec une autre réalité est une autre affaire. En réalité tout le monde comprend la

question « Est-ce que cette chose est bonne ? ». Quand nous nous posons cette question, notre état d'esprit est différent de ce qu'il serait si on nous demandait « Est-ce que cette chose est un objet de plaisir, ou de désir, ou d'approbation ? ». La question a une signification différente pour nous, quand bien même nous ne serions pas capables de comprendre en quoi consiste cette différence. Chaque fois que nous pensons à la « valeur intrinsèque », à la « dignité en elle-même » d'une réalité, ou lorsque nous disons qu'un état de choses « devrait exister », nous avons à l'esprit cet unique objet – cette propriété unique – que j'appelle « bon ». Chacun de nous est constamment conscient de cette notion, bien que nous puissions ne jamais prendre conscience que le bien se distingue d'autres notions dont nous sommes également conscients. Pourtant, dans la perspective d'une investigation éthique valide, il est extrêmement important que nous prenions conscience de ce fait. Dès lors que la nature de ce problème sera clarifiée, on avancera sans grande difficulté dans l'analyse.

§ 15. Notre première conclusion sera qu'il existe un objet de pensée simple, indéfinissable, inanalysable, en référence auquel l'objet de l'Éthique doit être défini. Le nom que nous donnons à cet unique objet n'a pas d'importance, tant qu'on réalise clairement ce qu'il est et combien il se distingue d'autres objets. Les termes qui sont couramment employés comme marqueurs des jugements éthiques se réfèrent tous à cet objet ; et ils n'expriment le caractère éthique de ces jugements que parce qu'ils se réfèrent à cette réalité. Cependant ils peuvent renvoyer à cet objet unique de deux manières différentes, qu'il est très important de distinguer, si nous voulons disposer d'une classification complète des jugements éthiques. Avant de montrer qu'était impliquée dans les jugements éthiques cette notion indéfinissable, j'ai établi (au § 4) qu'il était nécessaire en Éthique de dénombrer tous les jugements universels vrais affirmant que telle ou telle chose est bonne, le cas échéant. Et, bien que tous les jugements de ce genre renvoient à cette notion unique que j'ai appelée « bon », ils n'y renvoient pas tous de la même manière. Ou bien ils affirment que cette propriété unique s'attache toujours à la réalité en question, ou bien ils peuvent se contenter d'affirmer que la réalité en question est *une cause ou une condition nécessaire* de l'existence d'autres réalités auxquelles cette propriété unique est attachée. Ces deux espèces de jugement éthique sont de nature extrêmement différente. Une grande partie des difficultés que nous rencontrons dans les spéculations habituelles sur l'éthique, surgissent faute de les avoir clairement distinguées. En fait, leur distinction s'exprime dans le langage courant au moyen de l'opposition entre ce qui est « bon pour » (*good as means*) et ce qui est « bon en soi » (*good in itself*), entre ce qui a une « valeur utilitaire » (*value as a means*) et ce qui a une « valeur intrinsèque » (*intrinsic value*).

COMMENTAIRE

La revendication de G.E. Moore (prononcer « môr » et non « mour ») consiste à recentrer l'interrogation éthique sur la nature du bien, sur ce qu'est le bien, au lieu d'en rester à des listes plus ou moins sélectives de réalités ou de comportements jugés bons. Quelle que soit la justesse des recommandations, des prescriptions, des observations faites sur les obligations morales et sur les principes pratiques, il manque quelque chose à l'Éthique si elle n'offre que des exhortations et des recommandations, au lieu de fournir des raisons justificatrices : « car le boulot (*business*) de l'éthique, je dois y insister, n'est pas seulement d'atteindre les bonnes réponses (*true results*), c'est aussi d'en donner une justification valable (*valid reasons*) » (§ 14).

Un trait surprenant des *Principia Ethica* est que Moore se refuse à donner une définition de la notion fondamentale de l'Éthique. Mieux, il revendique cette absence de définition, qui n'est pas une limite de l'investigation, mais la caractéristique fondamentale de la notion de bien. Définir le prédicat « good », c'est risquer de prendre le bien pour autre chose (l'utile, le plaisir, l'objectif des actions, etc.). Ce n'est pas pour rien qu'en exergue de son ouvrage, il place cet axiome de Butler « *Anything is what it is, and not another thing* » (« chaque chose est ce qu'elle est, et pas autre chose »). Le lecteur peut avoir l'impression qu'on pourrait en dire autant de n'importe quoi, et que l'investigation des *Principia* manque de précision. Pourtant, appliquée au prédicat « bon », cette réflexion revêt une autre portée : il est essentiel à ce prédicat éthique par excellence d'être inanalysable donc indéfinissable (puisque nous ne pouvons définir quelque chose que par une analyse des facteurs ou des caractères essentiels qui font que cette chose est ce qu'elle est, et pas autre chose). « Bon » est un prédicat indéfinissable, simple, indécomposable. Bref, il renvoie à quelque chose d'absolu.

Dans le paragraphe 13, Moore défend la simplicité du bien, irréductible à quoi que ce soit d'autre. Pour ce faire, il propose de récuser les deux alternatives à la simplicité du prédicat « bon ». Soit « bon » renvoie à une totalité complexe (un tout composé de parties plus ou moins intégrées), soit « bon » ne renvoie à rien du tout. Si ces deux alternatives sont en effet récusées, alors « bon » signifiera bien quelque chose, et donc quelque chose de simple, et par conséquent il sera indéfinissable.

Pour suggérer que « bon » signifie bien quelque chose, Moore laisse entendre que la question « Est-ce que A est bon ? » revient toujours même lorsque l'on croyait avoir remplacé le prédicat « bon » par une définition (être objet de plaisir, être facteur du bien-être collectif, etc.). « Bon » reste indécomposable, fût-ce à la manière d'Aristote ou de Spinoza (le bien est la fin recherchée dans toute activité, décision, procédé, délibération, le bien est l'objet de l'appétit). L'argumentation de G.E. Moore vise à montrer ensuite que « bon » est un terme qui fonctionne à tort comme un porte-manteau. Chacun est tenté d'y accrocher telle ou telle conception du bien, ou telle ou telle caractéristique des réalités qu'il considère comme bonnes. Il y a là, selon Moore, une erreur aussi répandue que grave. À supposer qu'effectivement, tout ce qui mérite d'être appelé bon se trouve avoir constamment telle propriété (être objet de désir, procurer du plaisir, être utile à la conservation de soi, etc.), la propriété en question ne serait pas pour autant la définition de « bon », mais tout au plus un critère d'identification des réalités supposées bonnes.

Il se pourrait en effet que toutes les réalités supposées bonnes ne procurent de plaisir ou d'utilité ou n'éveillent d'appétit que par accident. Et même si c'étaient là des caractéristiques essentielles du bien (toutes les choses bonnes sont objet de plaisir, ou de désir, ou alors sont utiles), cela ne constituerait pas pour autant une définition du bien. C'est un sophisme de conclure, à partir de

Tout ce qui est bon est X

que :

Le bien, c'est X

Un des arguments employés pour dénoncer ce sophisme est d'en appeler aux faits, comme le fait Moore. Et le fait qui milite selon lui en faveur de cette irréductibilité du bien à quoi que ce soit d'autre, c'est qu'une fois qu'on pense avoir remplacé « bon » par ce qui a la propriété X, (ou les propriétés Y et Z), il est toujours possible de reposer la question : « dans le fond, est-ce que c'est bon d'être X ? », ou encore : « Qu'y a-t-il de bon dans le fait d'être Y et Z ? ».

À moins de remplacer le prédicat « bon » par un autre (utile à la conservation de soi, favorable au bien-être de la collectivité ; provoquant d'intenses états de plaisir, objet de satisfaction durable, etc.) auquel cas, on sort de l'éthique selon Moore, il faut comprendre à ce prédicat comme norme absolue et ultime. On peut parler en ce sens d'intuitionnisme moral : nous aurions un sens du « bien », une capacité à discerner ce qui est « bon » sans avoir à l'inférer de la présence d'autres propriétés.

C'est tout le débat autour de la notion de « valeur intrinsèque », dont Moore a dû s'expliquer.

Valeur intrinsèque

La notion de valeur intrinsèque, telle que la développe G.E. Moore [1] n'a pas pour seul champ d'application le concept de bien. Elle concerne d'abord le juste et l'injuste (*right and wrong*), la notion de devoir (« ce qui doit être fait », « *what ought to be done* »), le bien et le mal (*good and evil*) et même le beau et le laid. Moore définit la valeur intrinsèque par contraste avec la valeur subjective, mais aussi par différence avec la valeur objective. La valeur intrinsèque est non-subjective. Pour autant, elle n'est pas objective dans tous les sens de ce terme.

Un prédicat P est dit subjectif lorsqu'il décrit l'attitude mentale (désirer, apprécier, éprouver un sentiment ou une émotion) qu'un ou plusieurs individus adoptent par rapport à l'objet auquel ce prédicat est attribué. « C'est beau » peut, par exemple, exprimer une affirmation purement psychologique : elle signifie alors que, devant ce spectacle, des individus se sentent bien, désirent le revoir, éprouvent un sentiment de plaisir, d'admiration, d'épanouissement, etc. Moore fait cependant remarquer que quand on dit « c'est beau » ou « c'est bien », on peut vouloir décrire autre chose que des réactions subjectives. On peut être tenté de parler alors de prédicat « objectif ». Mais Moore signale que, quand on refuse la valeur purement subjective d'un prédicat (comme bon, juste, beau), c'est qu'on revendique pour ce prédicat une « valeur

---

1. G.E. Moore, « The conception of intrinsic value », dans *Philosophical studies*, London, Kegan Paul, Trench, Trubner & Co., 1922.

intrinsèque », laquelle ne recoupe pas exactement la notion de
valeur objective. Si quelque chose a une valeur intrinsèque,
alors *a fortiori* elle est objective. Mais l'inverse n'est pas vrai :
quelque chose peut avoir une valeur objective sans posséder de
valeur intrinsèque. Par exemple « être mieux armé dans la lutte
pour la survie » est un prédicat objectif (l'attribution de ce
prédicat ne dépend pas de sentiments ou de réactions subjectives : on peut décrire les conditions objectives dans lesquelles
une espèce « est mieux armée pour la survie » qu'une autre).
Pourtant, ce n'est pas un prédicat intrinsèque : « être mieux
armé pour la survie » dépend du milieu, des relations externes
avec les autres espèces. Une valeur intrinsèque n'est pas seulement une valeur objective. Elle ne relève pas de comparaisons
avec des états du monde ou des situations. Elle exprime
quelque chose d'absolu, qui dépend uniquement de la nature
interne de la réalité en question. Si une réalité est intrinsèquement bonne, elle l'est en tout temps. Et si une autre réalité
lui était en tout point identique, elle aurait nécessairement la
même valeur intrinsèque, au même degré. Une valeur intrinsèque ne peut pas être subjective : mes états d'âme, mes désirs,
mes sentiments vis-à-vis d'une réalité sont essentiellement
variables et dépendants. Dire d'une situation qu'elle est intrinsèquement bonne, bonne pour elle-même, cela ne revient pas
à dire, par exemple, qu'elle contient plus de plaisir que de
douleur. Par valeur intrinsèque, Moore entend donc quelque
chose d'irréductible à des relations subjectives ou même
objectives. La valeur intrinsèque est même autre chose que
les propriétés intrinsèques. Peut-on expliquer ce que signifie
« Bien en soi-même » ou « intrinsèquement bon » ? Quelle
définition donner à ce prédicat de « bon », qui selon Moore
définit la sphère de l'Éthique ? La position de Moore est la
suivante : « "bon" ou "bien" désignent un objet de pensée
simple, indéfinissable, inanalysable » (§ 15). On se trompe,

affirme Moore, quand on identifie « être bon » à d'autres prédicats (être source de plaisir, être objet de désir, être utile au plus grand nombre, conduire au bonheur de tous, être un facteur de succès dans la lutte pour la vie, être conforme au devoir, etc.). Aucune définition ne peut faire connaître la nature du bien à celui qui ne perçoit pas cet objet de pensée. Moore défend l'irréductibilité de l'Éthique et de son objet principal, le « bien » ou « ce qui est bon », à quelque domaine que ce soit. Moore s'en prend notamment aux doctrines hédonistes, pour lesquelles « le plaisir est le seul bien », et qui définissent donc le bien comme ce qui est « désirable ». « Désirable signifie juste ce qui doit être désiré ou ce qui mérite de l'être », bref, « ce qui est bon à désirer » (§ 40). Jusque là, on n'est guère avancé dans la définition du bien. Mais si on s'avise, comme Moore soupçonne les hédonistes de le faire, de réduire le désirable à ce qui est, dans les faits, désiré, alors on commet un sophisme. Moore ne conteste pas d'ailleurs que « le plaisir est toujours, au moins en partie, la cause de nos désirs » (§ 42). Il conteste que cela constitue une définition légitime du bien, lequel est alors réduit à une propriété naturelle ou empirique (« est bien ce qui est désiré par tout le monde »). Plus précisément, Moore dénonce le syllogisme suivant (§ 45) :

(1) Est bon ce qui est désirable
(2) Si quelque chose est désirable, cette chose doit être universellement désirée
(3) Le plaisir est universellement désiré

D'où, croit-on :

*(1)+(2)+(3) : Le plaisir est bon

Ce raisonnement pèche au moins par deux défauts. D'une part, il fait comme si « être universellement désiré » impliquait « être universellement désirable ». C'est peut-être le cas, mais

ce n'est pas ce que dit la prémisse (2). Pour que le raisonnement soit correct, il faudrait pouvoir affirmer quelque chose
comme (2') : si quelque chose est universellement désirée,
cette chose est désirable. Ce qui revient à poser une sorte
d'infaillibilité dans l'orientation des désirs humains et réintrô-
nise la conception téléologique du bien. En outre, la prémisse
(2) n'affirme même pas la converse de (2') (car alors il suffirait
d'ajouter : « et réciproquement » à (2) pour que le tour soit
joué). La prémisse (2) fait intervenir une modalité : « doit
être universellement désirée ». Le raisonnement ne pourrait
conclure que si, non seulement (2) était complétée ou rem-
placée par (2') ou si, au lieu de (3), on avait (3') : « le plaisir
doit être universellement désiré » avec, à la place de (2), sa
converse : « Si quelque chose doit être universellement
désirée, elle est désirable ». Si en outre on voulait établir que
« le plaisir est la seule chose qui soit bonne en elle-même »,
il faudrait bien sûr spécifier (1) en ajoutant : « seul ce qui est
bon est désirable ». Le passage subreptice du « être désiré » à
« devoir être désiré, donc désirable » relève de ce que Moore
appelle le « sophisme naturaliste » : la confusion entre le bien,
comme valeur intrinsèque, et une caractéristique de la réalité
ou des comportements humains. En effet, « Estimer qu'à partir
d'une proposition qui affirme que "la réalité est de telle ou
telle nature", nous avons le droit d'inférer, ou de confirmer
une proposition affirmant que "ceci est bon en soi", c'est
commettre le sophisme naturaliste » (§ 67). Nous n'avons pas
à chercher, selon Moore, des indices nous permettant d'identifier le bien. Si le bien est universellement recherché, c'est
tant mieux. Mais ce n'est pas parce qu'il est universellement
recherché que c'est le bien. C'est parce qu'il est le bien qu'il
doit (ou devrait) être universellement recherché. Toute la
démarche de Moore suppose que nous avons un accès à cet
objet de pensée qu'est le bien, indépendamment des indices

naturels (trompeurs) que fournit l'observation des tendances humaines. En ce sens, Moore n'est pas éloigné du souci kantien d'écarter toute hétéronomie de la volonté, c'est-à-dire d'écarter toute confusion entre le Bien et un état empirique, une impulsion sensible, etc.

Quant aux conceptions utilitaristes (est bon ce qui sert à …, ce qui conduit à …, ce qui permet au plus grand nombre de …) Moore prétend les réfuter en bloc :

> Maint argument utilitariste implique l'absurdité logique suivante : ce qui existe ici et maintenant n'a jamais de valeur en soi, mais doit être jugé d'après ses conséquences ; ces conséquences à leur tour, une fois qu'elles se seront produites, n'auront pas de valeur en elles-mêmes, mais ne seront que des moyens pour arriver à un futur encore ultérieur, et ainsi de suite ad infinitum (§ 64).

De fait, si n'est appelé bon que ce qui conduit à un état de choses réputé bon, alors le critère du bien est toujours repoussé vers le futur. C'est une critique radicale de tout « conséquentialisme ». Si on affirme que la bonté (d'un comportement, d'une décision, d'une réalité) se réduit à la valeur de des conséquences, alors on sera obligé de définir ce qu'est une « bonne » conséquence, et ainsi de suite.

TEXTE 2

Norman Kretzmann
« Le fondement de la moralité » [1]

La piété est considérée, par Socrate et ses interlocuteurs, comme l'une des principales vertus, les autres étant la justice, la sagesse, le courage et la modération (ou tempérance). Et comme la piété est une vertu spécifiquement dédiée à la relation de l'être humain avec Dieu, il n'est pas surprenant ni très révélateur de lire que la piété est ce que Dieu approuve. Cependant Socrate va formuler, au sujet de cette définition, une distinction qui, elle, est révélatrice, en même temps qu'elle peut parfaitement s'appliquer en général à toutes les définitions de ce type. Socrate introduit cette distinction sous la forme d'une question que je paraphraserai comme suit : *Est-ce que Dieu approuve ce qui est pieux parce que c'est pieux, ou bien est-ce pieux parce que Dieu l'approuve ?* Nous allons mettre cette distinction plus directement en rapport avec

1. « God and the Basis of Morality (Abraham, Isaac and Euthyphro) », dans *Hamartia : The concept of Error in the Western Tradition. Essays in Honor of John M. Crossett*, D.V. Stump, J.A. Arieti, L. Gerson, E. Stump (eds.), New York, Edwin Mellen Press, 1983, p. 27-50.

l'examen du rôle de Dieu dans le fondement de la morale. Appliquons-la à la réponse d'Euthyphron, non plus cantonnée à une vertu particulière, mais élargie à la moralité en général : la bonté morale (*moral goodness*) est ce que Dieu approuve. Appelons cette affirmation la thèse générale de la moralité religieuse. [...] Cette thèse a été intégrée à la doctrine de la plupart, peut-être même de toutes les religions théistes dans le monde. Appliquons la distinction de Socrate à cette thèse générale, de manière à tirer au clair deux versions de la théorie religieuse de la moralité. [...] Il conviendra de travailler sur une version plus complète de la thèse générale, limitée aux actions : les actions bonnes sont toutes celles et seulement celles que Dieu approuve, et les actions mauvaises sont toutes celles et seulement celles que Dieu désapprouve. Si nous appliquons la distinction socratique à cette thèse générale de la moralité religieuse, nous pouvons en tirer deux théories religieuses de la moralité. En effet, ou bien :

> (OMT=Objectivisme Moral Théologique) Dieu approuve les actions moralement bonnes (*right actions*) simplement parce qu'elles sont moralement bonnes ;

ou bien :

> (SMT=Subjectivisme Moral Théologique) Les actions moralement bonnes sont bonnes simplement parce que Dieu les approuve et les mauvaises actions sont mauvaises simplement parce que Dieu les désapprouve.

[...] Il y a de bonnes raisons philosophiques de rejeter (SMT) comme fondement de la morale. Nous allons en mentionner brièvement deux. En attendant, il serait honteux de se contenter de faire disparaître (SMT) par le seul moyen d'une réfutation alors que (SMT) mérite une véritable condamnation. En effet, prendre (SMT) au sérieux revient à prendre au sérieux la possibilité que dans l'absolu, n'importe quelle action pourrait être rendue moralement bonne du seul fait que Dieu la commande ou l'approuve. Si l'exemple d'un père tuant son fils innocent, qu'il aime, ne vous semble pas assez horrible, vous n'avez qu'à imaginer des actions plus noires encore. Mais n'allez pas suggérer que l'adhérent du (SMT) pourra se tirer de cet embarras extrême en répliquant pieusement que, Dieu étant bon, on peut se fier à lui pour qu'il n'approuve pas un mal moral. Car le seul critère de bonté morale proposé par (SMT) est l'approbation de Dieu ; et donc affirmer, dans le contexte de (SMT), que Dieu est bon, ne conduit à affirmer rien de plus que Dieu s'approuve lui-même – ce qu'on accordera facilement, mais dont on ne pourra tirer aucune indication réconfortante. La condamnation que mérite (SMT) n'a jamais été exprimée avec autant de force que par John Stuart Mill qui, heureusement pour la polémique philosophique et pour la prose anglaise, mais malheureusement pour Mr Mansel, a trouvé dans ce Mr Mansel un adhérent d'une version de (SMT). Voici un extrait de ce que Mill pouvait dire de Mr Mansel et de sa théorie de la moralité religieuse.

> Si lorsque j'attribue la bonté à Dieu, je ne dis pas ce que j'entends par bonté ; si je n'entends pas par là une bonté dont je puisse avoir connaissance, mais l'attribut incompréhensible d'une substance incompréhensible, qui pour autant que je sache pourrait être une qualité totalement différente de ce que j'aime et vénère – et qui doit même, si l'on en croit Mr Mansel, leur être opposée dans certains cas particuliers importants – qu'est-ce que je veux dire quand je parle de bonté ? Et quelle raison ai-je de respecter cette bonté ? Si je ne sais rien de ce que signifie cet attribut, je ne peux pas affirmer que la bonté soit quelque chose à respecter. Dire que la bonté de Dieu pourrait être d'un genre différent de la bonté de l'homme, n'est-ce pas dire, en changeant légèrement de phraséologie, qu'il se

pourrait que Dieu ne soit pas bon ? [...] À moins de croire que Dieu possède les mêmes attributs moraux que ceux que je trouve chez un homme bon, quoi qu'à un degré inférieur, quelle assurance puis-je avoir de la véracité de Dieu ? Toute confiance dans une Révélation présuppose la conviction que les attributs de Dieu sont les mêmes, à la différence de leur degré, que les meilleurs attributs humains. Si, au lieu du « bon présage » selon lequel il y a un Être chez qui toutes les perfections que les plus hauts esprits humains peuvent concevoir existent à un degré pour nous inconcevable, on m'informe au contraire que le monde est gouverné par un être dont les attributs sont infinis, mais dont nous ne pouvons apprendre ni ce qu'ils sont, ni quels sont les principes de son gouvernement, si ce n'est que « la morale humaine la plus accomplie que nous puissions imaginer » n'est pas en accord avec eux ; et que vous arriviez à m'en persuader, alors je supporterai mon sort comme je pourrai. Mais si vous me dites que je dois croire cela, et que je dois en même temps donner à cet être les noms qui expriment et affirment la plus haute moralité humaine, alors je vous le dis tout net : je ne le ferai pas. Quel que soit le pouvoir que cet être exercerait sur moi, il y a une chose qu'il ne saurait faire : il ne saurait me contraindre à le louer. Jamais je n'appellerai bon un être dont la bonté ne correspondrait pas à ce que j'entends quand j'attribue cet épithète à mes congénères ; et si un tel être veut me menacer de l'enfer à moins que je ne lui donne ce titre, eh bien j'irai en enfer. [...]

Bien que Mill ne fût pas lui-même théiste, les accents passionnés de sa condamnation de (SMT) devraient trouver un écho dans le cœur de tout théiste qui se respecte. [...] Ce n'est pas seulement à cause du tort qu'il fait à la conception de Dieu que (SMT) doit être rejeté, mais aussi parce qu'il détruit le fondement de la moralité. Pour le moment, je me contenterai de signaler deux des défauts les plus importants et les plus évidents de (SMT) comme prétendu fondement de la moralité.

En premier lieu, c'est le plus important, la moralité repose sur l'objectivité. Entre autres, cela signifie que si une action individuelle est vraiment bonne à un moment ou à un autre, alors elle a toujours été et sera toujours bonne. Or (SMT) ne garantit pas cette objectivité. [...] À mon sens, cette seule considération suffit à disqualifier (SMT) comme théorie religieuse de la moralité. En second lieu, si (SMT) est accompagné d'une doctrine de la rétribution et de la punition divine, comme c'est généralement le cas dans les théories religieuses de la morale, il sera difficile, voire impossible, dans le contexte de (SMT), de faire la distinction entre la moralité et la prudence. Si le commandement de Dieu est tout ce qui rend une action bonne, et si je crois que Dieu me punira si je désobéis, comment me convaincre moi-même que j'accomplis l'action parce qu'elle est bonne, et non uniquement par crainte ? [...]

(OMT) garantit l'objectivité nécessaire à la morale et préserve la possibilité d'une distinction nette entre morale et prudence. En outre, dans l'attaque que Mill fait de la version de (SMT) par Mansel, la théorie religieuse de la moralité qu'il défend est clairement (même si c'est implicitement) (OMT). Selon (OMT), Dieu désapprouve la perfidie tout simplement parce qu'il est intrinsèquement (*really*) mauvais de tromper quelqu'un qui vous fait confiance. Selon (SMT), d'autre part, s'il est mauvais de tromper quelqu'un qui vous fait confiance, c'est uniquement parce que et aussi longtemps que Dieu désapprouve la perfidie ; mais si nous apprenions demain que Dieu l'approuve, alors demain, il sera devenu bon de tromper quelqu'un qui vous fait confiance. Il semble donc que tout théiste qui se respecte, l'esprit clair et le cœur léger, répudie (SMT) et embrasse (OMT) puisque, ce faisant, il écarte un danger pour la moralité religieuse et lui garantit un fondement solide. Considérons à présent (SMT) et (OMT) à la lumière de notre question principale : Qu'est-ce que Dieu a à voir avec la moralité ? Ces deux théories proposent deux réponses radicalement différentes à cette question, ces réponses étant : « Rien d'essentiel » et « Absolument tout ». Or « Absolument tout » est la réponse fournie par la théorie qui vient juste d'être répudiée (SMT), et « Rien d'essentiel » est la réponse impliquée par (OMT) qui nous a paru être la théorie expliquant comment fonder la moralité sur la religion. Pensons au scénario de Moïse et des Dix Commandements. Moïse est souvent appelé « le législateur », mais étant donné que, dans ce scénario, il reçoit les Commandements de Dieu, ce qualificatif nous induit en erreur : Moïse est seulement celui qui transmet la loi. Seul Dieu peut être décrit à juste titre comme législateur. Mais l'est-il vraiment ? D'après (SMT), oui, mais selon (OMT), Dieu lui-même ne fait que transmettre la loi. En effet d'après (OMT), certaines actions sont effectivement mauvaises et Dieu sait lesquelles : de sorte que lorsqu'il dit à Moïse de dire au peuple de ne pas voler, il ne légifère pas, il enseigne. Certes un tel enseignement reposant sur l'autorité d'une expertise divine peut très bien, à un stade précoce du développement moral de l'humanité, ne pas faire encore l'objet d'une évaluation. Cependant si (OMT) est correct, on a toutes les raisons de penser que dans ce cas, la vérité objective concernant la moralité doit être découverte de manière toujours plus approfondie et précise par des êtres humains usant de leur raison, sans l'aide supplémentaire de la révélation. Si (OMT) est correct, « donner » les Dix Commandements au peuple par la bouche de Moïse c'est exactement, pour Dieu, comme s'il leur avait « donné » les principes de l'arithmétique : il ne s'agit pas pour lui de leur dévoiler sa volonté souveraine, mais de leur fournir un kit de départ pour découvrir de grandes vérités. Par conséquent, si (OMT) est correct, la réponse à la question « Qu'est-ce que Dieu a à voir avec la moralité ? » est : « Rien d'essentiel ». Certes, « Rien d'essentiel » ne veut pas dire forcément « rien du tout ». La première personne qui vous a enseigné l'arithmétique avait sûrement quelque chose à voir avec l'arithmétique, mais rien d'essentiel : l'arithmétique aurait existé même sans cette personne. Plus clairement encore, votre premier professeur d'arithmétique a quelque chose à voir avec votre apprentissage de l'arithmétique. Mais, encore une fois, rien d'essentiel. Quelqu'un d'autre aurait pu vous apprendre l'arithmétique, et vous auriez même pu, à mesure que vous grandissiez et que vous en ressentiez le besoin, vous constituer un bon bout d'arithmétique par vous-même. Par conséquent, si (OMT) est correct, il est aussi absurde de reconnaître à Dieu le moindre rôle dans le fondement de la moralité qu'il serait absurde de votre part de rechercher des considérations sur votre premier professeur d'arithmétique dans un ouvrage intitulé *Fondements des Mathématiques*.

(OMT), qui s'est d'abord intervenu dans cette discussion sous les traits d'une théorie religieuse de la moralité ô combien préférable, s'avère en réalité n'être pas du tout une théorie religieuse de la moralité : elle coupe court à tout besoin que la morale aurait pu avoir d'un fondement religieux. Et (SMT), son unique rival en piste, s'est déjà révélé n'être pas du tout une théorie de la moralité. À ce stade de notre enquête, des personnes raisonnables seraient excusables de penser que la notion de moralité religieuse s'est révélée, dans le meilleur des cas, indigne de considération sérieuse. En effet, dans la théorie où l'on reconnaît à Dieu le rôle principal, il n'a plus rien à voir avec la moralité, et dans l'autre théorie, qui préserve intacte l'essence de la moralité, Dieu ne joue plus qu'un petit rôle dont on pourrait tout à fait se dispenser. Pourtant, ces mêmes personnes raisonnables devraient avoir au moins une vague inquiétude quant au fait que le concept de Dieu, que j'ai pourtant défini comme un ingrédient essentiel de la discussion, n'a pas jusqu'ici bénéficié de la moindre attention. […] Il est temps d'examiner à présent ce concept de Dieu. […]

Le concept de Dieu, celui qui m'intéresse, est le concept d'un être absolument parfait. Au nombre des attributs compris dans ce concept, il y a ceux dont tout le monde a au moins entendu parler : omniscience, toute-puissance, et éternité, par exemple. La parfaite bonté est aussi un attribut courant pour l'être absolument parfait, attribut qui sera évidemment décisif si ce concept doit jouer un rôle capital dans une théorie religieuse de la moralité. Mais les attributs dont je vais m'occuper pour commencer sont moins familiers et moins immédiatement reliés en apparence à notre sujet. Le premier d'entre eux est celui d'indépendance absolue.

Assurément, tout ce qu'on considère comme absolument parfait ne peut en aucune manière dépendre d'autre chose. De sorte que tout ce qui est absolument parfait est absolument indépendant. Cette ligne de pensée, simple et directe, a un effet dévastateur sur le théiste qui, après tout, aurait volontiers accepté (OMT), abandonnant le projet d'une moralité religieuse et se contentant d'une religion qui coexiste avec la moralité. En effet, (OMT) implique que la connaissance que Dieu a du bien et du mal Dieu dépende de principes moraux. Par conséquent, si Dieu est un être absolument parfait, (OMT) semble faux. […] La conception de Dieu comme être absolument parfait est incompatible avec la version que nous avons donnée de (OMT). Elle n'est pas incompatible avec (SMT), mais (SMT) s'est révélé, pour d'autres raisons, tellement détestable qu'aucun théiste qui se respecte ne peut l'admettre, à ce stade, comme position de repli. La conclusion qui semble ressortir de tout cela, c'est qu'une conception de Dieu comme être parfait est tout bonnement incompatible avec la moralité. […] Toutefois il y a encore un attribut que je souhaite faire intervenir, et qui pourrait bien sauver la mise. Il s'agit de l'attribut le plus difficile à comprendre, et c'est celui qu'on appelle simplicité. [...] Affirmer que Dieu est absolument simple, ce n'est pas seulement dire que Dieu ne peut aucunement avoir de parties au sens ordinaire ; c'est également affirmer que Dieu ne peut être conçu comme différent d'aucun de ses attributs. Et si Dieu est identique à chacun de ses attributs, alors tous les attributs de Dieu sont identiques entre eux. [...] À partir du moment où Dieu est conçu comme identique à la parfaite bonté, l'opposition radicale entre (OMT) et (SMT) semble n'être plus qu'une nuance de style :

> (OMEP=Objectivisme Moral de l'Être Parfait) Dieu conçu comme étant la parfaite bonté en soi sanctionne telles actions simplement parce qu'elles sont bonnes et condamne telles autres simplement parce qu'elles sont mauvaises.
> (SMEP) Telles actions sont bonnes pour la simple raison que Dieu, conçu comme étant la parfaite bonté en soi, les sanctionne, et telles actions sont mauvaises simplement parce que Dieu, conçu comme étant la parfaite bonté en elle-même, les condamne.

Si la bonté en soi existe, comme c'est le cas s'il existe un être absolument parfait, alors cette bonté en soi constitue et doit constituer le seul critère de bonté ou de malice morale. De sorte que (SMEP) n'implique aucune subjectivité, contrairement à ce que faisait notre (SMT) de départ. Pas davantage (OMEP) n'implique des principes indépendants fournissant des critères à Dieu, comme c'était le cas pour (OMT) au départ. (OMEP) et (SMEP) sont simplement deux manières de dire la même chose : des actions sont bonnes si et seulement si la bonté les garantit comme telles, et la bonté garantit des actions comme bonnes si et seulement si elles le sont. Il pourrait sembler que cette troisième théorie de la moralité religieuse fait passer Dieu du statut de juge ultime de la moralité au simple état de critère abstrait ultime de bonté. Cependant, Dieu conçu comme un être absolument simple est alors conçu comme le juge ultime qui est identique au critère ultime lui-même. Par conséquent, une fois qu'on a pris en compte la contribution décisive qu'apporte à cette troisième théorie la notion de simplicité, la théorie peut tranquillement revenir à des verbes d'évaluation comme « approuver » et « désapprouver », qu'on trouvait dans (OMT) et dans (SMT). On pourrait même l'exprimer dans des nouvelles versions de (OMT) et de (SMT) dans lesquelles de légères modifications de termes produiraient des changements radicaux de signification. On peut appeler ces versions révisées (OMT') et (SMT') :

> (OMT') Dieu conçu comme juge moral identique à la parfaite bonté en soi approuve les actions bonnes simplement parce qu'elles sont bonnes et désapprouve les mauvaises simplement parce qu'elles sont mauvaises.
>
> (SMT') Les bonnes actions sont bonnes simplement parce que Dieu, conçu comme juge moral identique à la parfaite bonté en soi les approuve, et les mauvaises actions sont mauvaises simplement parce que Dieu conçu comme juge moral identique à la parfaite bonté les désapprouve.

COMMENTAIRE

Le problème posé par Kretzmann est à la fois celui du volontarisme moral et celui du fondement de la morale. Kretzmann reprend à son compte le problème d'*Euthyphron*, dialogue de Platon où Socrate interroge Euthyphron sur la nature de la piété.

Euthyphron déclare en effet :

> 1) ce qui agrée aux dieux est pieux, ce qui ne leur agrée pas est impie.

Cette première proposition signifie que « être agréé par les dieux » et « être pieux » ont la même extension : tout ce qui plaît aux dieux est pieux, rien de ce qui ne leur plaît pas n'est pieux (ou : tout ce qui ne leur plaît pas est impie).

Socrate réclame des éclaircissements en demandant si :

> 2) ce qui est pieux est approuvé des dieux comme étant pieux

ou bien si :

> 3) cela est pieux parce que les dieux l'approuvent.

Aussi bien (2) que (3) sont compatibles avec (1). Mais (2) et (3) ne disent pas la même chose. (2) est une déclaration objectiviste, (3) est subjectiviste. Socrate reproche à Euthyphron de s'en tenir à l'accident :

4) il arrive à ce qui est pieux d'être aimé de tous les dieux.

Cette caractéristique de ce qui est pieux ne donne pas une définition de l'essence du « pieux ». La conception défendue par Euthyphron est celle d'un subjectivisme moral : si les Dieux approuvent x, alors x est pieux ; si les Dieux n'approuvent pas x, alors x est impie. Les antécédents de ces deux conditionnels (les Dieux approuvent, les Dieux n'approuvent pas x) sont interprétés comme explication du conséquent (piété ou impiété de x), c'est-à dire comme dans (3). Mais rien n'interdit l'interprétation (2). Et rien n'oblige à traduire (1) en conditionnels eux-mêmes interprétés en termes d'explication. On peut en rester à (4). (3) est une définition déguisée équivalant à (3)bis : j'appelle pieux ce que les Dieux approuvent. La proposition (2) énonce un constat qu'on peut reformuler en (2) bis : Si les Dieux l'approuvent, c'est *parce que* c'est pieux, (autrement dit : les Dieux ont le sens de la piété, mais ils peuvent approuver aussi quelque chose qui ne serait pas pieux). Le rapport explicatif est alors l'inverse de (3).

Il est difficile, et peut-être vain de s'évertuer à départager une stipulation (3) et un constat (2). La définition (3) règle l'usage du prédicat « pieux ». Le constat (2) suppose que le prédicat « pieux » est déjà défini. D'ailleurs, (3) et (2) ne sont pas forcément incompatibles : d'après (3), les Dieux par leurs approbations successives, règlent l'extension du prédicat « pieux ». Rien ne les empêche d'approuver une seconde fois comme étant pieux quelque chose qu'ils ont eux-mêmes défini comme pieux en l'approuvant une première fois. Ils ont de la suite dans les idées et ne se déjugent pas. Cependant, lorsqu'en approuvant une chose la première fois, ils l'incluent dans la classe des choses pieuses, on ne peut pas dire qu'ils l'approuvent comme étant pieuse. Il faudrait dire qu'ils la rendent pieuse en l'approuvant !!! Le pieux n'est plus alors que le caprice des Dieux. Agir pieusement, ce sera agir par prudence, pour être bien avec les dieux, mais pas par moralité. L'*Euthyphron* de Platon suggérait déjà ce résultat important : le relativisme moral est peut être vrai, mais si on l'adopte, on n'a plus besoin de concepts moraux normatifs comme le bien. Il ne reste que des intérêts bien compris.

La discussion proposée par Kretzmann entend répondre à la question : à quelles conditions une théorie religieuse du bien peut-elle échapper à ces deux écueils symétriques (E1) et (E2) ?

> (E1) le subjectivisme moral théologique (SMT) (le bien est ce que Dieu décide, car tel est son bon plaisir).
>
> (E2) l'objectivisme moral théologique (OMT) (qui place le bien au-dessus de l'être divin comme une norme indépendante de lui).

On peut bien sûr s'interroger sur la pertinence de cette démarche. Pourquoi faudrait-il une théorie religieuse de la moralité ? C'est un fait que beaucoup de normes morales ont été inculquées par les religions. C'est notamment le cas des religions qui font appel à des commandements divins, des interdits d'origine divine, des prescriptions soit rituelles, soit morales. (En tant que telle, une prescription rituelle n'est pas d'ordre moral. Mais la désobéissance à une telle prescription sera facilement qualifiée de moralement mauvaise.) Pour autant, pourquoi cette pratique historiquement attestée devrait-elle retenir l'attention du philosophe ? On pourrait en effet considérer que les prescriptions morales d'origine religieuse sont triplement compromises : 1) du fait du caractère « communautarien » des révélations religieuses (en dépit de la prétention de certaines religions à l'universalité, ne sont-elles pas irrémédiablement marquées par une forme d'ethnocentrisme ?) ; 2) du fait du caractère incertain (hypothétique, voire superstitieux) de la vérité de ces révélations ; 3) enfin du fait de l'absence de convergence dans les normes morales proposées par les différentes religions du monde. Certes, pour lever ce dernier obstacle, on pourrait avancer que la divergence des traditions religieuses en matière de morale ne prouve pas que toutes ont tort, mais seulement que parmi celles qui divergent notoirement, il y en a au moins une partie qui est moralement fausse. Mais comment arbitrer, en fonction de quel critère, si c'est toujours à l'intérieur d'une religion donnée que nous est révélé ce qui est moralement bon et ce qui ne l'est pas ? Tout cela semble contribuer à disqualifier la religion comme source de la définition du bien. Il semble qu'une théorie religieuse de la moralité soit condamnée à un cercle vicieux :

> (CV1) C'est Dieu qui décide de ce qui est bon.
> (CV2) Il faut suivre les commandements de Dieu, parce qu'il est bon.

Cercle vicieux, puisque nous n'aurions aucun critère indépendant de bonté qui nous permettre de reconnaître tel commandement comme émanant de l'autorité suprême. On peut certes espérer que, s'il existe un Dieu non vicieux, il donnera à ses créatures la capacité naturelle de discerner le bien et le mal (un sens moral). En attendant, il semble que l'exercice de cette capacité soit inégal, voire qu'il donne lieu à des intuitions incompatibles. Mais l'erreur morale n'exclut pas l'existence d'un sens moral. Il n'y a même de sens à parler d'erreur morale que si l'on considère qu'il y a des vérités morales objectives et normalement accessibles à la raison naturelle (par exemple « il est bon de porter secours, il est mauvais de pratiquer la torture »). L'erreur morale pourra résulter, dans certains cas, des interférences de la recherche de la vérité morale avec les intérêts matériels de celui qui la cherche (par exemple l'accommodement avec l'esclavage, ou avec une situation esclavagiste, lorsque celle-ci est source de profits).

Quoi qu'il en soit, il y a une autre manière de concevoir la religion : non pas en termes d'appartenance confessionnelle, historiquement située, mais comme la connaissance que l'homme peut avoir de Dieu (s'il existe). Dieu désigne ici une source universelle de l'obligation, un être auquel nous devrions tout, parce que nous lui devons l'existence. Le respect de ce qu'il aurait créé, à commencer par l'existence de tous nos semblables, serait par le fait-même obligatoire. C'est peut-être alors dans la perspective d'une religion naturelle que la notion de théorie religieuse du bien (de la moralité) peut échapper à ces critiques. Deux réflexions peuvent venir appuyer cette démarche. Il y a d'une part, la perplexité exprimée par Wittgenstein dans sa *Conférence sur l'éthique*, que nous avons déjà rencontrée :

> L'éthique, si elle existe, est surnaturelle, [...] le bien absolu, si toutefois c'est là un état de choses susceptible de description, serait un état dont chacun, nécessairement, poursuivrait la réalisation, indépendamment de ses goûts et inclinations, ou dont on se sentirait coupable de ne pas poursuivre la réalisation.

On pourrait mentionner ensuite cette réponse de Jean-Paul Sartre à Simone de Beauvoir. Interrogé à propos du mot de Dostoïevski : « Si Dieu n'existe pas, tout est permis », Sartre répond, contre toute attente, que Dostoïevski a « abstraitement raison », et que par exemple : « ... tuer un homme est mauvais. Est mauvais directement, absolument, [...] La morale et l'activité morale de l'homme, c'est comme un absolu dans le relatif »[1]. Dieu dira-t-on, ne signifie plus alors qu'un absolu de l'obligation. C'est l'affirmation abstraite (mais universelle)

---

1. Simone de Beauvoir, *La cérémonie des adieux. Entretiens avec Jean-Paul Sartre, aôut-septembre 1974*, Paris, Gallimard, 1982, p. 552.

que tout n'est pas permis, opposée à la révélation concrète (mais particulière) de commandements.

Il ne s'agit pas ici d'abuser de l'autorité de ces deux philosophes en faisant remarquer que leur scepticisme profond et leur athéisme auraient atteint leur limite et les auraient reconduits au seuil d'une morale d'inspiration théologique. Il ne s'agit pas non plus de suggérer que sans reconnaissance de Dieu, ou d'un absolu de la morale, nous serions incapables de discerner le bien du mal, ou, pire encore, condamnés à mal agir. Au XVIIe siècle, Pierre Bayle posait la question de savoir si un athée pouvait être vertueux. Dieu merci, la réponse est oui. Il n'y a aucune raison de contester qu'un athée ne puisse avoir des intuitions morales justes (il peut bien croire qu'on ne doit jamais provoquer une douleur pour s'amuser), et il n'y a aucune de raison de penser que l'athée n'agira jamais bien (par exemple, il pourra porter secours à une personne en détresse, peut-être plus souvent que le croyant éventuellement aveuglé par une haine interreligieuse). Mais le problème est de savoir si, sans un fondement objectif et universel, sans un repère absolu, l'homme est en mesure de donner une justification de ses évaluations morales.

Il s'agit de nous demander : si la définition du bien est susceptible d'une justification objective universelle, quelle peut être cette justification ? Et sur ce point, il n'est pas arbitraire de penser que dieu (s'il existe) est un assez bon candidat pour garantir ou accréditer un bien qui soit objectif et universel. En effet, supposons qu'il existe une cause absolument première de toute réalité, et que, sans le secours d'une révélation particulière, les hommes soient en mesure de reconnaître l'existence de cet être premier, auquel tous universellement doivent l'existence. Nous aurions alors une donnée universelle pouvant remplir l'office de « juge absolu » du bien et du mal, d'autorité morale suprême. C'est par exemple l'inspiration théiste des théories des droits de l'homme, comme celle que défendait Jefferson : « We hold these truths to be self-evident that all men are *created* equal, and are endowed by their *creator* of certain unalienable rights ». Il ne suffit pourtant pas d'avoir introduit Dieu dans les solutions possibles au problème du bien pour être tiré d'affaire. Au contraire, les ennuis ne font que commencer. On se trouve en effet en présence de deux conceptions, subjectiviste et objectiviste :

> (S) Une action est bonne parce que Dieu en a décidé ainsi (autrement dit : le bien, c'est ce que Dieu décrète comme bon).
> (O) Une action est bonne parce qu'elle est bonne (le bien, c'est ce que même Dieu découvre de bon, sans n'y rien pouvoir changer).

Notons d'abord que la première conception qui correspond au *Subjectivisme Moral Théologique*, pose un problème logique. Si une action doit être tenue pour bonne pour la seule et unique raison que Dieu en a décidé ainsi, alors on peut bien se demander en quoi consiste la décision divine en la matière. Ou bien « bonne » est une étiquette qui ne veut rien dire, c'est un nom imposé à certains types d'actions, mais nous n'avons aucune idée de la raison pour laquelle ces actions portent le même label. Ou bien, il y a un critère en fonction duquel Dieu accorde à certaines actions ou à certains états de choses ce label, leur reconnaît cette propriété d'être « moralement bonnes ». On peut alors donner un sens à des phrases comme « Dieu vit que cela était bon » ou à l'idée que Dieu récompense les bonnes actions. Mais ce critère, quel est-il à son tour ? Dieu en décide-t-il ? Sur quelle base ? Si le critère au nom duquel Dieu décide d'appeler bonnes certaines actions et pas d'autres est lui-même le produit d'une décision de Dieu, la question se repose à nouveau : pourquoi ce critère ? Est-il arbitraire ? Si c'est le cas, alors le bien n'est qu'une catégorie arbitraire, un sac dans lequel on a décidé de ranger certaines actions ou types d'action et pas d'autres, sans justification. Si au contraire, il y a un critère objectif, alors Dieu n'est-il pas contraint de s'incliner devant l'application de ce critère, et ne rencontre-t-il pas une réalité qui ne dépend pas de lui ? On passe alors à l'*Objectivisme Moral Théologique*. L'alternative des deux conceptions tourne donc au dilemme : le SMT conserve à Dieu ses prérogatives, mais il rend l'exercice de ces prérogatives absurde, et moralement insupportable. L'OMT sauve le bien de l'arbitraire (ou du caprice des dieux), mais pose en dehors de Dieu un absolu. Une solution classique à ce qui pourrait apparaître comme un dilemme (ou bien la morale est relative, ou bien Dieu n'est plus absolu) consiste à identifier Dieu au Bien. Les normes du bien et du mal ne sont plus alors fixées arbitrairement par une volonté. Le Bien est absolu et sa défini-tion ne dépend pas d'une décision. Mais du même coup, le bien n'est pas indépendant de Dieu, puisque Dieu en est la source.

Kretzmann illustre son propos par une expérience de pensée. Pour tester la valeur de l'*Objectivisme Moral* et du *Subjectivisme Moral*, et la possibilité que le Bien dépende d'un ordre ou d'une décision divine, il nous propose de relire conceptuellement un épisode biblique fameux, celui du sacri-fice d'Abraham (aussi appelé « ligature d'Isaac » : tout dépend de quel coté on se place). D'après le récit, Dieu intime l'ordre à Abraham de lui offrir son fils Isaac en sacrifice. Il est clair qu'Abraham aime Isaac. Il est également clair qu'Abraham s'apprêtait à exécuter l'ordre de Dieu. Comment concilier ces deux faits ? Kretzmann envisage trois réponses. Il suggère que, de ces trois réponses (A, B, C), seule la troisième est moralement acceptable.

> A) Le comportement d'Abraham est prudent, mais pas moral, voire immoral. Abraham s'apprête à tuer son fils unique, qu'il

aime, parce qu'il a peur de ce que Dieu lui ferait s'il désobéit, ou parce qu'il espère une récompense de son obéissance.

B) Abraham s'apprête à tuer son fils unique, qu'il aime, parce qu'il croit que cet acte horrible est rendu moralement droit du simple fait que Dieu l'a commandé.

C) Dans cette épreuve, Abraham croit fermement quatre choses, concurrentes mais pas incompatibles :

1) Dieu m'a commandé de tuer mon fils.

2) Dieu est bon et digne d'obéissance.

3) Tuer mon fils, même en sacrifice à Dieu, serait horriblement mauvais.

4) Dieu est bon et il ne me permettra pas qu'en obéissant à ses ordres, je fasse quelque chose d'horriblement mauvais.

Kretzmann envisage un instant une cinquième proposition :

5) À coup sûr Dieu ne me laissera pas accomplir cette chose horrible ; je suivrai donc son ordre, au moins jusqu'à la dernière minute. Si à ce moment là, il n'y a pas de contre-ordre divin (*divine reprieve*), je saurai que finalement Dieu n'était pas bon, et j'épargnerai moi-même Isaac.

Si l'on suit (5), on admet qu'Abraham a un doute sur la bonté morale de Dieu. Il attend patiemment le contrordre qui doit non seulement empêcher matériellement, mais interdire moralement cet acte horriblement mauvais. Dieu est rendu moralement mauvais s'il ne suspend pas l'ordre de commettre un tel acte. Mais Kretzmann exclut (5) car (2) est considérée comme une croyance inconditionnelle.

Plusieurs problèmes peuvent être soulevés : si Abraham est persuadé que Dieu pourvoira à la victime, il n'a pas vraiment l'intention de tuer Isaac, et son sacrifice est une simulation. Il est dans la situation d'un spectateur invité par un magicien à passer des épées en fer blanc ou des couperets au travers d'une caisse dans laquelle se trouve une contorsionniste. Bien qu'il sache que le magicien n'a ni l'intention ni le moindre intérêt à lui faire du mal, notre spectateur peut bien éprouver une certaine inquiétude (puisqu'il ne sait pas comment fonctionne le trucage, si les épées des tordent toutes seules, s'il ne va pas faire un faux mouvement, commettre une fausse manœuvre entraînant la mort réelle de la contorsionniste, etc.). Mais fondamentalement, en dépit d'un stress inévitable, il n'y a pas de doute sur la loyauté et sur la bonté des intentions de Dieu (ou du magicien). Si en revanche Abraham est persuadé qu'il n'y aura pas de contrordre divin, alors on n'échappe pas à la réponse B. Il faut donc qu'Abraham *espère* qu'il y aura un contrordre, ou qu'en obéissant à l'ordre, il n'arrive pas ce qui doit arriver si l'ordre est exécuté, de façon à ce que (1), (2) et (3) soient compatibles, sans qu'il soit besoin de relativiser (2) ni (3).

Abraham a d'ailleurs des raisons d'espérer. La croyance (4) est renforcée par la naissance inespérée d'Isaac, et la promesse d'une descendance plus nombreuse que les étoiles du ciel. Mais il n'a aucune garantie qu'Isaac ne sera pas tué. (Après Ismaël et Isaac, Abraham ne pourrait-il pas engendrer une troisième fois?). Et, de toute façon, le cas d'Abraham ne nous intéresse ici que pour mettre en évidence, à la suite de Kretzmann, la non-relativité du bien.

La question du Bien Commun

À moins de désigner une source d'obligation universelle et une norme objective d'action, le bien ne sera que le nom que nous donnons à nos émotions « positives », à nos intérêts, à nos arrangements, à nos compromis. C'est pourquoi on a tenté

dans ce livre de plaider en faveur d'une conception objectiviste du bien. À la manière d'André Breton proclamant : « La
Beauté sera convulsive ou ne sera pas », nous osons dire : « le
Bien sera absolu ou ne sera pas ». Mais absolu ne veut pas dire
tyrannique. Cela signifie que les êtres humains ont tout intérêt
à discerner pour eux-mêmes et pour autrui « l'ensemble des
conditions sociales qui permettent, tant aux groupes qu'à
chacun de leurs membres, d'atteindre leur perfection, d'une
façon plus totale et plus aisée ». C'est ainsi que, par exemple,
le concile de Vatican II[1] définit le « bien commun » dont il
énumère trois éléments essentiels :

1) le respect et la promotion des droits fondamentaux et
inaliénables de la personne : « droit d'agir selon la droite règle
de sa conscience, droit à la sauvegarde de la vie privée et de la
juste liberté, y compris en matière religieuse » ;

2) le bien-être social et le développement du groupe,
rendant accessible à chacun les biens fondamentaux indispensables à une vie digne : nourriture, vêtement, santé, travail,
éducation et culture, information convenable, droit de fonder
une famille etc. ;

3) la paix et la sécurité de la société et de chacun de ces
membres. Outre ce bien commun propre à chaque groupe
ou collectivité humaine, on peut définir un « bien commun
universel », impliquant une organisation de la communauté
des nations capable de « pourvoir aux divers besoins des
hommes, aussi bien dans le domaine de la vie sociale (alimen-
tation, santé, éducation), que pour faire face à maintes situations particulières qui peuvent surgir ici ou là (par exemple :

---

1. Constitution *Gaudium et Spes*, 26, § 1 et 2.

subvenir aux misères des réfugiés, l'assistance aux migrants et à leurs familles) »[1].

On aura noté que ces définitions n'ont aucun caractère confessionnel (elles revendiquent expressément la liberté religieuse). En revanche, la justification de ces normes du Bien commun dépend d'une métaphysique théiste qui définit l'égale dignité de tous les membres de la famille humaine comme créatures libres appelées à faire le bien. Un telle fondation, on l'a vu, ne livre pas la définition du bien à un arbitraire divin. Elle invite plutôt à reconnaître la validité objective universelle des biens fondamentaux de l'existence humaine.

Il est clair que l'organisation d'une prise en charge du « bien commun universel » présuppose non seulement l'objectivité de la définition du bien, mais encore son applicabilité universelle. Il revient aux acteurs de l'actualité politique et économique mondialisée de prodiguer des encouragements à cette conception d'un bien commun qui puisse véritablement promouvoir la perfection de tous et de chacun. En ce sens, Aristote invitait déjà ses auditeurs à considérer la dimension politique du bien :

> Si donc il y a, pour nos activités, quelque fin que nous souhaitons pour elle-même, et les autres seulement à cause d'elle, et si nous ne choisissons pas indéfiniment une chose en vue d'une autre (car on procéderait ainsi à l'infini, de sorte que le désir serait futile et vain), il est clair que cette fin-là ne saurait être que le bien, le Souverain Bien[2].

Ce souverain Bien dépend de la science suprême et architectonique par excellence : la Politique. « Le Bien,

---

1. Constitution *Gaudium et Spes*, 84, § 2. Au lecteur de juger si cette définition du Bien commun est ou non recevable.

2. Aristote, *Éthique à Nicomaque*, I, 1.

poursuit Aristote, est assurément aimable pour un individu isolé, mais il est plus beau et plus divin appliqué à une nation ou à des cités ». Nietzsche se réjouissait au contraire de la divergence d'appréciation du bien : « Dans la bouche du voisin, le "bien" n'est plus le bien. Et comment même pourrait-il y avoir un "bien commun" ? Les deux mots se contredisent : ce qui peut être commun n'a jamais que peu de valeur »[1]. Affirmer aujourd'hui que la recherche du Souverain Bien dépend de la compétence politique peut sonner comme une provocation. Mais c'est peut-être une manière de rappeler que, s'il n'y a pas de véritable bien sans une forme d'absolu et d'objectivité, il n'y a pas non plus de bien sans lien.

---

1. F. Nietzsche, *Par delà le bien et le mal*, Deuxième Partie, *L'esprit libre*, § 43.

TABLE DES MATIÈRES

TEXTES ET COMMENTAIRES

DANS LA MÊME COLLECTION

Imprimerie de la Manutention à Mayenne (France) - Mars 2010 - N° 79-10
Dépôt légal : 1er trimestre 2010